Francesco Marini

Già siete pochi, in più vi nascondete!

Francesco Marini

Già siete pochi, in più vi nascondete!

Il Prete nell'immaginario cinematografico

Edizioni Sant'Antonio

Imprint
Any brand names and product names mentioned in this book are subject to trademark, brand or patent protection and are trademarks or registered trademarks of their respective holders. The use of brand names, product names, common names, trade names, product descriptions etc. even without a particular marking in this work is in no way to be construed to mean that such names may be regarded as unrestricted in respect of trademark and brand protection legislation and could thus be used by anyone.

Cover image: Fornito dall'autore

Publisher:
Edizioni Accademiche Italiane
is a trademark of
International Book Market Service Ltd., member of OmniScriptum Publishing Group
17 Meldrum Street, Beau Bassin 71504, Mauritius

Printed at: see last page
ISBN: 978-613-8-39165-4

INDICE

Don Livio: *Va beh, vedi un po' tu cosa puoi fare. Io scappo perché devo andare a celebrare Messa. Ciao!*
Marika: *Vai, vai. Grazie!*
Checco: *Scusa. Hai detto celebrare Messa?*
Don Livio: *Sì, è ora. Sono pure in ritardo.*
Checco: *Cioè, tu sei... sei prete?*
Don Livio: *Sì, sono un parroco. Sì!*
Checco: *E però mettiti un *** di colletto, un crocifisso: che si capisce, se no uno... cioè voi già siete pochi, in più vi nascondete! Prete è, ma dai!*
Don Livio: *La prossima volta mi metto l'alta uniforme, guarda. Te lo prometto! Ciao bello! Ciao!*
Checco: *Ciao! Don Livio!*
Don Livio: *Don Livio!*[1]

Con questo dialogo carico di sarcasmo e simpatia, Checco Zalone (nome d'arte di Luca Pasquale Medici) redarguiva don Livio (interpretato da Peppino Mazzotta) perché non immediatamente riconoscibile come sacerdote (nonché troppo vicino a Marika, interpretata da Giulia Michelini, ragazza che il protagonista cerca di conquistare) nel film *Cado dalle nubi* del 2009. Sarcasmo e simpatia, per noi, che si prestano a due diverse letture.

La prima, che si rispecchia nella realtà vissuta: a differenza dei tempi passati, quando i sacerdoti erano facilmente distinguibili perché rivestiti dell'abito talare, al giorno d'oggi i presbiteri sono molto spesso "in borghese" e quindi non immediatamente riconoscibili per il loro ruolo e ministero. L'attore fa dell'ironia su un'esperienza vera. Un vissuto quotidiano trasportato nella finzione cinematografica.

Si può anche dare, però, una seconda lettura. La riconoscibilità di un prete in un film è data solo dal suo abbigliamento? È unicamente dall'abito talare o dal

---

[1] *Cado dalle nubi* (tit. or. *Cado dalle nubi*, regia di Gennaro Nunziante, Medusa Film, Italia, 2009).

clergyman che un ministro può essere riconosciuto e definito nella sua rappresentazione sul grande schermo? Decisamente no. Allora, da che cosa possiamo riconoscerlo? Questa è la domanda che ha dato il via alla ricerca.

Il cinema ci mette innanzi un'apparente contraddizione: i numerosi preti che a diverso titolo vengono inseriti nelle storie sono immediatamente riconoscibili sul versante esteriore (indossano sempre l'abito talare o il clergyman o i paramenti per la celebrazione dei Sacramenti), ma vengono spesso coinvolti in situazioni e azioni che poco hanno a che fare con il Ministero sacerdotale.

Forse l'esempio più attuale (andando in prestito alla televisione) è quello della fiction *Don Matteo*[2]: un parroco che con l'abito talare e la bicicletta fa l'investigatore privato di supporto ai carabinieri. Terence Hill interpreta un prete che ha sempre una buona parola e un messaggio positivo da trasmettere (aspetto importante della vita di un Ministro di Dio), ma quasi mai lo si vede pregare o celebrare Sacramenti (dimensione fondamentale della vita di un pastore di anime).

Coscienti del fatto che ogni narrazione deve per necessità semplificare, in questo elaborato si andranno a indagare i sacerdoti apparsi in svariate produzioni cinematografiche: abbigliamento, azioni e compiti svolti, ruoli e importanza all'interno del film. Mansioni e modalità di presentazione al pubblico che tratteggiano non solo un "personaggio" utile all'economia del film, ma anche una modalità di vivere il Sacramento dell'Ordine. Da questo punto di vista, la presente ricerca si inserisce in un solco già tracciato da altri autori e va ad "aggiornare" la filmografia: i più recenti libri e gli articoli su questa tematica risalgono al 2010[3].

---

[2] *Don Matteo* (tit. or. *Don Matteo*, Serie TV, Lux Vide, Italia, 2000-in corso).

[3] Come libri si possono citare: E. ALBERIONE, D. VIGANÒ, *I preti del cinema. Tra vocazione e provocazione*, Effatà, Milano 1995; D. E. VIGANÒ, *Il prete di celluloide. Nove sguardi d'autore*, Cittadella, Assisi 2010; SERVIZIO NAZIONALE PER IL PROGETTO CULTURALE DELLA CEI (a cura di), *Il Prete e la sua immagine*, EDB, Bologna 2005; A. ROMEO (a cura di), *Tonache cross-mediali. Preti, suore e frati nei mass media*, Effatà, Torino 2011; FONDAZIONE ENTE DELLO SPETTACOLO (a cura di), *Preti al cinema. I sacerdoti e l'immaginario cinematografico*, Ente dello Spettacolo, Roma 2010. Per quel che, invece, riguarda gli articoli: T. FASOLI, *Il prete nella letteratura e nel cinema. Il caso «Don Camillo»*, in http://www.notedipastoralegiovanile.it/index.php?option=com_content&view=article&id=8385%

L'indagine, però, non si fermerà su questo livello. Quelli che comunemente vengono chiamati stereotipi o luoghi comuni, sono stati oggetto di studio nell'ambito delle scienze psicologiche e sociali assumendo il nome di rappresentazioni sociali[4]: i meccanismi di funzionamento, la loro formazione, il loro consolidamento nel corpo sociale. Applicate alla nostra ricerca, ci aiuteranno a rispondere ad alcune domande di grande interesse: perché in un film il prete è visivamente subito identificabile (in particolare dall'abbigliamento) ma a livello pratico i compiti svolti hanno (spesso) poco a che vedere con la missione sacerdotale? In secondo luogo: possiamo riscontrare una correlazione tra la nazionalità del regista, la nazionalità del film e il modo di presentare il prete sul grande schermo? Ovvero: un regista statunitense tratteggia un Ministro in maniera diversa da un regista francese o italiano?

Per cercare di dare una risposta esaustiva a queste domande, sei saranno i capitoli di questo testo. Per cominciare (Capitolo 1) sarà necessario definire cosa sono e come funzionano le rappresentazioni sociali, nonché delimitare l'ambito della ricerca esplicitando i criteri guida nella scelta dei titoli e i risultati ottenuti con questi criteri.

Ecco che si potrà entrare nel vivo dell'indagine approfondendo lo spazio occupato dai preti in queste pellicole (Capitolo 2): protagonisti o comparse? Personaggi principali o secondari?

Il terzo capitolo prenderà in considerazione il ruolo svolto da questi pastori: parroci, esorcisti, confessori, missionari, predicatori. In due capitoli a parte (Capitoli 4 e 5) si parlerà dei soggetti di film biografici e documentari.

In un ultimo capitolo (Capitolo 6), prima delle conclusioni, si applicherà la teoria delle rappresentazioni sociali ai titoli selezionati e precedentemente presi in considerazione: in particolare si andrà a riflettere sulle correlazioni tra nazionalità del film, genere filmico e modalità di rappresentazione del prete.

3Ail-prete-nella-letteratura-e-nel-cinema-il-caso-ldon-camillor&catid=173%3Aquestioni-letterarie&Itemid=264 , ultima visita 15/03/2018.

[4] S. MOSCOVICI, *Le rappresentazioni sociali*, Il Mulino, Bologna, 2017; I. GALLI, *La teoria delle rappresentazioni sociali*, Il Mulino, Bologna 2006.

1. QUESTIONE DI METODO

1.1 LA TEORIA DELLE RAPPRESENTAZIONI SOCIALI

Scorrono i titoli di testa e si sente una voce che recita la preghiera *Ave Maria*, con una dissolvenza dal nero appare un giovane prete (indossa un clergyman), seduto in confessionale (è lui che sta recitando la preghiera), è solo e sta attendendo eventuali penitenti, sbadiglia, guarda l'orologio, passa con le dita i grani del Rosario finché non entra una donna (si vede nella penombra attraverso la grata) e inizia il dialogo tra i due[5].

Pur non conoscendo questo sacerdote (che poi scopriremo essere padre Daniel, interpretato da Zachary Spicer), anche solo la sua apparizione sullo schermo in quella situazione e in quel ruolo genera nello spettatore alcune attese rispetto a quel personaggio e al suo comportamento. Attese che non nascono dalla visione di altri film simili, ma sono originate dal rapporto con il mondo reale, mediato dalla cultura di appartenenza del fruitore del medium. Ovvero: l'esperienza vissuta all'interno di una cultura viene trasmessa, si consolida e diventa criterio di valutazione delle situazioni che si presentano nella realtà. Tornando all'esempio appena citato: uno statunitense, per il fatto stesso di abitare negli Stati Uniti, riceve (dalla famiglia, dalla scuola, dalla televisione, etc.) una determinata prospettiva sui preti. Questa prospettiva, sedimentata nella personalità, diventa orizzonte di senso a cui si farà riferimento ogni volta che si vivrà un incontro con un sacerdote cattolico. Questa esemplificazione pratica ci introduce in quell'ambito della psicologia sociale che gli esperti chiamano rappresentazione sociale.

La teoria delle rappresentazioni sociali vede la sua comparsa sulla scena accademica negli anni '60 del 1900. Serge Moscovici, uno psicologo sociale francese, decide di dedicare attenzione e studio a quello che viene chiamato il "senso comune". Gli strumenti forniti dalle scienze umane, infatti, gli consentono

[5] Descrizione della sequenza iniziale del film *The Good Catholic* (tit. or. *The Good Catholic*, regia di Paul Shoulberg, Broad Green Pictures, USA, 2017).

di riconoscere in esso un vero fenomeno psicosociale: l'esistenza del "senso comune" è sganciata da fattori scientifici, la sua trasmissione è collettiva e non modificabile da un individuo se non servendosene[6].

La sua indagine supportata dalle altre scienze umane, porta Moscovici a scoprire come alcune conoscenze vengano rappresentate e condivise all'interno di un medesimo contesto sociale. Lo scopo di queste rappresentazioni è quello di rendere familiare ciò che di per sé sarebbe sconosciuto o inconsueto.

Ovvero: le relazioni che un soggetto stabilisce con persone o oggetti sono funzionali a evitare rischi o conflitti (anche interiori). Così, nel momento in cui si entra in contatto con un oggetto, un evento o un individuo per la prima volta, la memoria richiama dei paradigmi precedenti [7] e li applica alla situazione contingente per cercare di limitare al massimo le sorprese e prevedere il più possibile le conseguenze o i risvolti futuri di quell'incontro. La nostra memoria ha la precedenza sulla nostra percezione.

Per esempio, dovessimo descrivere a un europeo com'è fatto un ornitorinco dovremmo dire che è un "mix" di anatra, castoro e lontra[8]: essendo un animale sconosciuto (vive tipicamente in Australia), è necessario ricorrere ad animali a noi noti (anatra, castoro e lontra appunto) per poterne dare una descrizione comprensibile. Questo perché «le rappresentazioni sociali sono degli universi di opinioni propri di una determinata cultura, di una data classe sociale, o di un gruppo, relativi a oggetti appartenenti all'ambiente circostante»[9].

Vista la complessa articolazione dell'argomento, Ida Galli elenca alcune caratteristiche pregnanti della teoria di Moscovici.

Innanzitutto: «una rappresentazione sociale si presenta, concretamente, come un insieme di elementi cognitivi, relativi a un determinato oggetto

---

[6] I. GALLI, *La teoria delle rappresentazioni sociali*, Il Mulino, Bologna, 2006, pp. 25-26.

[7] S. MOSCOVICI, *Le rappresentazioni sociali*, Il Mulino, Bologna, 2017, p. 38.

[8] http://www.nationalgeographic.it/natura/animali/2010/03/29/news/platypus-2474/ ultima visita 16/07/2018.

[9] I. GALLI, *La teoria delle rappresentazioni sociali*, Il Mulino, Bologna, 2006, p. 104.

sociale»[10]: dato un determinato oggetto sociale, alla nostra mente si presentano diversi aspetti inerenti l'oggetto, ma non creati dalla nostra intelligenza. Questi elementi cognitivi, inoltre, mostrano alcune caratteristiche ben precise:

1. «La prima caratteristica di questo insieme è di essere organizzato, perché non si tratta di una collezione di elementi cognitivi, quanto piuttosto di una struttura»[11]: non sono conoscenze o idee semplici, ma collegate tra loro, strutturate… potremmo dire che costituiscono un sapere complesso, composto di svariati elementi in correlazione.
2. «La seconda specificità di una rappresentazione sociale è di essere condivisa da uno stesso gruppo sociale. Tuttavia i contenuti relativi ai suoi elementi dipendono tanto dall'omogeneità del gruppo, quanto dalla posizione degli individui rispetto all'oggetto della rappresentazione»[12]: la condivisione della rappresentazione è tra affini, i contenuti condivisi della rappresentazione sono in stretta dipendenza con l'affinità degli elementi del gruppo e con la relazione tra questi stessi elementi e l'oggetto sociale rappresentato.
3. «La terza caratteristica di ogni rappresentazione sociale risiede nel modo in cui essa è costruita. Essa è collettivamente prodotta, a partire da un processo globale di comunicazione. Gli scambi interindividuali, così come l'esposizione alle comunicazioni di massa, spingono i membri di un gruppo a mettere in comune quegli elementi che andranno a costruire la rappresentazione sociale»[13]: per costruire una rappresentazione è necessario un processo di comunicazione e condivisione tra gli elementi del gruppo sociale.
4. «La quarta specificità delle rappresentazioni sociali concerne la loro finalità, quella di essere socialmente utili. Esse sono sistemi di

---

[10] *Ibidem*.

[11] *Ibidem*.

[12] *Ibidem*.

[13] Ivi, pp. 104-105.

comprensione e interpretazione dell'ambiente sociale»[14]: non possiamo considerare qualsiasi processo sociale un procedimento di creazione di rappresentazioni (una chiacchierata informale, per esempio, pur essendo evento sociale non è in grado di costruire una rappresentazione sociale), ma queste si formano con la finalità precisa dell'utilità comune, per comprendere e interpretare le situazioni circostanti.

5. «Infine le rappresentazioni sociali forniscono dei criteri di valutazione dell'ambiente, che permettono di giustificare o di legittimare determinati comportamenti»[15]: questa quinta e ultima caratteristica è la logica conseguenza delle precedenti. È evidente il fatto che un corpo sociale omogeneo, dopo aver messo in comune gli elementi che compongono la rappresentazione sociale, si serve di questa per valutare o per dare liceità ad alcuni comportamenti, anche di singoli membri, della massa.

Rispetto a un film, in ultima istanza, è doverosa un'ulteriore considerazione di carattere introduttivo. Non si può dimenticare che sono almeno due le rappresentazioni sociali coinvolte: il regista, essendo una persona che vive all'interno di una cultura, ha una sua rappresentazione sociale; lo spettatore, da parte sua, ne ha un'altra.

Stando all'esempio dei sacerdoti: un regista statunitense presenterà un "prete statunitense" all'interno dei suoi film. Uno spettatore statunitense si identificherà nella rappresentazione del regista (condividendo la medesima cultura, essi condividono le medesime rappresentazioni sociali). Uno spettatore brasiliano, invece, avrà delle attese diverse su quel prete che vede sullo schermo: il suo contesto culturale ha creato un "sentire comune brasiliano" e quindi un modo diverso di percepire e giudicare la realtà.

Si può aggiungere un'ulteriore considerazione. Il concetto di rappresentazione sociale è direttamente collegato con l'idea di ruolo sociale che

[14] Ivi, p. 105.

[15] *Ibidem.*

il prete ricopre e che le persone gli attribuiscono. In relazione a ciò, si può citare il *Direttorio per la vita e il ministero dei presbiteri*:

> *L'abito ecclesiastico è il segno esteriore di una realtà interiore: «infatti, il sacerdote non appartiene più a se stesso, ma, per il sigillo sacramentale ricevuto, è "proprietà" di Dio. Questo suo "essere di un Altro" deve diventare riconoscibile da tutti, attraverso una limpida testimonianza. [...]». Fatte salve situazioni specifiche, il non uso dell'abito ecclesiastico può manifestare un debole senso della propria identità di pastore interamente dedicato al servizio della Chiesa*[16].

Il collegamento stabilito dalla Congregazione tra l'abito e il presbitero non è espresso in termini di decoro o opportunità, ma in termini "psicologici" arrivando a parlare di *debole senso della propria identità*. Se la rappresentazione sociale attribuisce un ruolo ad una specifica categoria umana, un sacerdote che misconosce l'abito misconosce, in qualche modo, la sua stessa appartenenza a quella categoria. In questa teoria di psicologia sociale, quindi, possiamo trovare una conferma di quanto scritto dal dicastero pontificio.

La globalizzazione ha notevolmente influito in questo ambito in termini di contaminazione e standardizzazione però, guardando con attenzione, si possono riconoscere alcune differenze geograficamente connotate: per queste si rinvia all'ultimo capitolo.

1.2 UN ESEMPIO PRATICO: I PRETI NEI FILM DAL 2010 AL 2017

Dopo aver individuato quello che sarà il criterio di analisi dei film, è necessario esplicitare il criterio di selezione delle pellicole e i relativi risultati ottenuti.

---

[16] CONGREGAZIONE PER IL CLERO, *Direttorio per la vita e il ministero dei presbiteri*, n. 61, http://www.vatican.va/roman_curia/congregations/cclergy/documents/rc_con_cclergy_doc_20130211_direttorio-presbiteri_it.html#_ftnref249 ultima visita 16/07/2018.

Oggetto dell'indagine sono stati tutti i film in cui si potesse trovare un sacerdote diocesano cattolico.

Il primo criterio guida per la scelta è stato il lasso di tempo: film prodotti dal 2010 al 2017. Non film anteriori al 2010 perché già presi in considerazione da precedenti pubblicazioni, non posteriori al 2017 perché, essendo l'anno 2018 in corso, sarebbe stata una ricerca incompleta.

Il secondo criterio è più articolato perché si riferisce alle fonti da cui è stata attinta la filmografia. I titoli esaminati nella ricerca sono stati così trovati:

- Titoli conosciuti perché film precedentemente visti;
- Titoli consigliati da altri;
- Titoli trovati attraverso la ricerca su IMDb.com: il sito dà la possibilità di ricercare per ruolo interpretato (ovvero cercare tutti i film in cui, nel cast, qualcuno interpreti un sacerdote);
- Titoli trovati attraverso la ricerca su *Il Farinotti 2017*[17];
- Titoli trovati attraverso la ricerca per parole chiave su www.filaboutit.com, www.cnvf.it, www.cinematografo.it.

Individuati circa 50 film per ogni anno, si è passati poi alla selezione.

Il terzo criterio, alla luce del quale è stata fatta la selezione, è stato il personaggio interpretato: prete diocesano cattolico. Includere nella raccolta anche frati e religiosi di varie congregazioni piuttosto che pastori di diverse confessioni cristiane (riformate o ortodosse) avrebbe voluto dire considerare diverse rappresentazioni sociali e quindi avrebbe richiesto una trattazione a parte. Risultato finale di tutta questa ricerca è una raccolta di 207 film presi in considerazione.

Per l'analisi e la suddivisione dei titoli è stato seguito il criterio della rilevanza del prete nella pellicola: comparse, personaggi secondari, personaggi principali e protagonisti.

---

[17] P. FARINOTTI, E. FARINOTTI, *Il Farinotti 2017*, Newton Compton, Roma, 2017.

2. LO SPAZIO DEI PRETI NEI FILM

2.1 COMPARSE

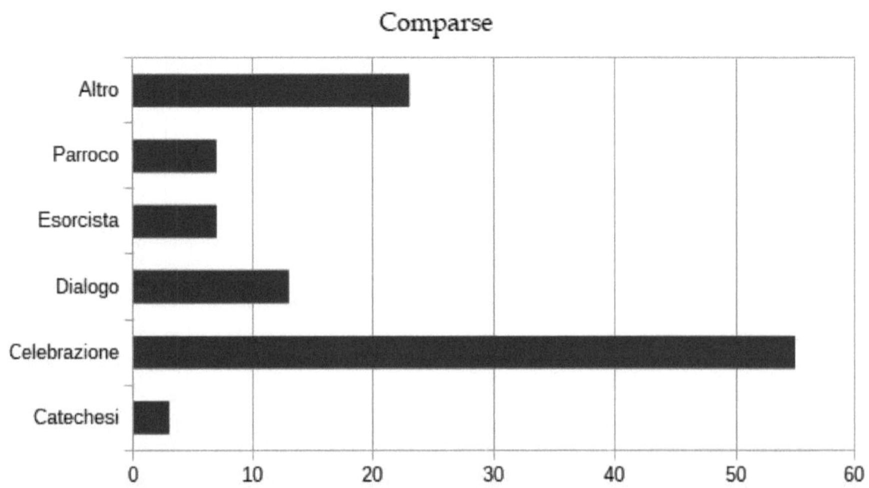

Nelle comparse sono stati considerati tutti quei sacerdoti che vengono mostrati in un film da un minimo di alcuni secondi a un massimo di cinque minuti complessivi (nei casi in cui il sacerdote faccia la sua comparsa più di una volta). Si sta parlando della metà dei film (107 pellicole su 207 totali: 51,7%)[18].

Per quanto già detto nel primo capitolo, essendo necessario al regista rendere identificabile immediatamente il ruolo interpretato dal personaggio sullo schermo, la strada più semplice e rapida è quella dell'abito. Mostrare un attore con una camicia clergyman, piuttosto che una veste talare o dei paramenti sacri, rievoca nello spettatore la rappresentazione sociale del sacerdote.

Nella maggior parte dei casi ci sono segni che rendono immediata l'identificazione dei sacerdoti cattolici (i paramenti utilizzati nelle celebrazioni, la posizione e la modalità in cui è apparecchiato l'altare, il modo in cui si svolgono i

[18] Per la lista completa e dettagliata dei titoli si rimanda al paragrafo 1. delle appendici, p. 74.

frammenti di celebrazione rappresentati), in altri casi si potrebbe trattare indifferentemente di pastori protestanti o preti cattolici (personaggi che, indossando il clergyman, fanno visita a una famiglia o tessono un dialogo con una persona incontrata occasionalmente non permettono immediatamente di identificare la confessione cristiana di appartenenza: quando vengono dette parole di buon senso è difficile attribuirle a una particolare religione).

Il Sacramento della Confessione (presente in 13 pellicole) vede 4 sacerdoti che lo celebrano in clergyman e 9 in abito talare (in ambedue i casi indossando, sopra gli indumenti, la stola viola). Tutte le altre cerimonie liturgiche (battesimi, funerali, matrimoni, Messe, professioni religiose), per un totale di 47 celebrazioni, mostrano il prete rivestito dei paramenti sacri (quasi mai indossati correttamente). Lì dove la presenza del prete è più "informale", come visite a famiglie o dialoghi di vario tipo, si vede per 29 volte la camicia clergyman a fronte delle 32 volte dell'abito talare. Per quanto riguarda gli esorcisti, infine, ne abbiamo 3 in clergyman, 2 in borghese e 2 in talare.

I servizi svolti dai sacerdoti in queste produzioni sono davvero numerosi e variegati: oltre alle celebrazioni di cui sopra[19], si trovano sacerdoti interrogati dalla polizia per indagini di vario tipo, un insegnante di religione, ministri che danno assistenza e protezione (ai poveri come anche a personaggi che cercano di scappare per non essere massacrati dagli zombie), un Custode del S. Sepolcro (peraltro errore grossolano, perché la Custodia del S. Sepolcro è da otto secoli in mano ai frati francescani), un parroco che gioca a carte nel bar del paese, uno ucciso da uno zombie e uno a sua volta zombie, alcuni che si danno da fare per raccogliere denaro per poveri e missioni, bibliotecari, preti che fanno catechismo ai ragazzi, un paio di volte si vedono i cappellani del re di Francia (in film storici, evidentemente), predicatori itineranti, personaggi del presepe vivente.

[19] Per completezza, si annotano rappresentati: 4 Battesimi, 13 Funerali, 14 Confessioni, 22 Messe, 2 Messe di Prima Comunione, 15 Matrimoni, 1 Estrema Unzione, 2 Professioni religiose, 7 Esorcismi.

I sacerdoti sopra elencati, se hanno il pregio di essere identificati quasi immediatamente, hanno il difetto che non vengono molto delineati nel loro spessore umano e spirituale (essendo delle comparse).

È possibile, però, già far notare alcuni dettagli: la visita alle famiglie così come il dialogo con le persone sono caratteristiche internazionali rispetto al ministero sacerdotale; la partita a carte al bar del paese[20] così come la raccolta fondi per i poveri e le missioni[21] sono tutte in pellicole italiane; i preti esorcisti si trovano tutti in produzioni di area anglofona[22].

---

[20] *Omicidio all'italiana* (tit. or. *Omicidio all'italiana*, regia di Marcello Macchia, Lotus Production, Italia 2017).

[21] *Vacanze di Natale a Cortina* (tit. or. *Vacanze di Natale a Cortina*, regia di Neri Parenti, Filmauro, Italia, 2011); *Sole a catinelle* (tit. or. *Sole a catinelle*, regia di Gennaro Nunziante, Medusa Film, Italia, 2013).

[22] *Devil seed* (tit. or. *Devil seed*, regia di Greg A. Sager, Imagination Worldwide, Canada, 2012); *Ava's possessions* (tit. or. *Ava's possessions*, regia di Jordan Galland, Orion Pictures, USA, 2015); *Incarnate: non potrai nasconderti* (tit. or. *Incarnate*, regia di Brad Peyton, IM Global, USA, 2016); *The possession experiment* (tit. or. *The possession experiment*, regia di Scott B. Hansen, Digital Thunderdome, USA, 2016); *Wake the dead* (tit. or. *Wake the dead*, regia di Michael Luceri, Vision Films, USA, 2017); *An irish Exorcism* (tit. or. *An Irish exorcism*, regia di Eric Courtney, POV Horror, Irlanda, 2013).

2.2 PERSONAGGI SECONDARI

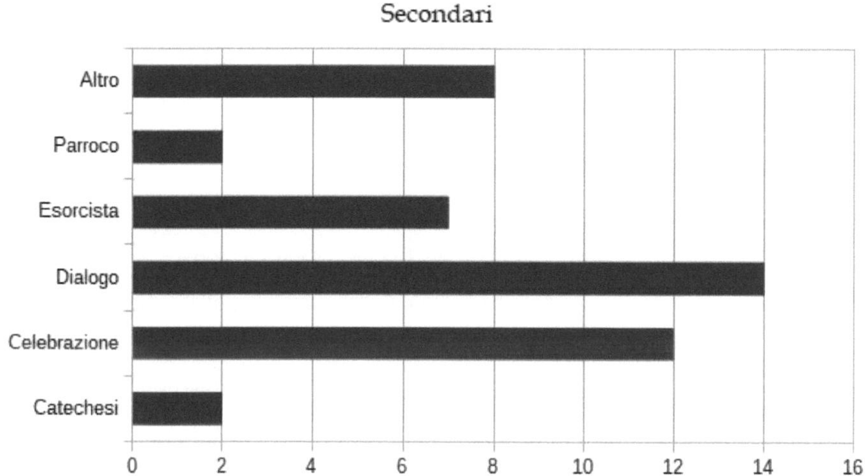

Il secondo gruppo di film presi in esame comprende 46 pellicole, in cui i sacerdoti sono presenti per più di cinque minuti e, soprattutto, svolgono un ruolo significativo all'interno della trama. Anche in questo raggruppamento di film l'abbigliamento è di fondamentale importanza, per l'identificazione del personaggio e per la contestualizzazione della sua azione all'interno della scena.

La maggior parte dei personaggi interpretati indossa il clergyman (a prescindere dall'incarico ricoperto), i 10 sacerdoti che indossano l'abito talare sono tendenzialmente di disciplina più rigida e maggiormente legati alla tradizione antica della Chiesa.

Essendo presenti sullo schermo per un lasso di tempo più lungo rispetto alle comparse, la varietà dei ministeri svolti, così come la caratterizzazione dei soggetti interpretati, rende queste figure più interessanti.

Utilizzando il criterio delle azioni messe in atto (così come nel precedente paragrafo), si possono registrare: ministri che celebrano cerimonie liturgiche[23], altri che fanno visita a famiglie e instaurano dialoghi con le persone, e infine assistenti ai poveri. Si trovano, anche, alcuni nuovi incarichi rispetto al precedente "censimento": un informatore nell'ambito dei cartelli della droga, il segretario di un Vescovo nonché responsabile del museo diocesano, un prete in crisi vocazionale e innamorato di una donna.

La celebrazione dei Sacramenti è una dimensione "oggettiva" e più distaccata: il sacerdote, applicando le rubriche e le norme liturgiche, passa in secondo piano rispetto al contenuto della celebrazione (i paramenti che il prete indossa esprimono in maniera sensibile questo "svestire la propria personalità" per rivestire la persona di Cristo che agisce attraverso i ministri della Chiesa). In pratica nelle celebrazioni viene "recitato un copione" che potrebbe essere recitato da qualsiasi altro sacerdote.

Per contro, la dimensione del dialogo e dell'incontro è il luogo in cui emerge maggiormente l'umanità e la personalità dei preti. Perciò, in questa seconda serie di pellicole esaminate si possono tratteggiare in maniera più precisa i caratteri dei personaggi.

Una prima considerazione che si può fare è che, a parte un singolo caso[24], in tutte le altre pellicole il sacerdote è una figura positiva: la disponibilità all'ascolto, la vicinanza alle situazioni di povertà e fragilità umana, la lotta contro il male lo rendono un punto di riferimento su cui contare e presso cui trovare un aiuto concreto.

Seconda sottolineatura: emergono delle figure poliedriche e "complete" di sacerdoti. Se nelle comparse ogni ministro faceva un'apparizione per la celebrazione di un Sacramento o per un dialogo veloce, già dai personaggi

---

[23] Nel dettaglio: 1 Battesimo, 13 Messe, 2 Messe di Prima Comunione, 8 Funerali, 10 Confessioni, 1 Professione religiosa, 5 Matrimoni, 1 Benedizione, 2 Cresime, 8 Esorcismi.

[24] *Sing Street* (tit. or. *Sing Street*, regia di John Carney, The Weinstein Company, Irlanda, 2016). Sono presenti due sacerdoti: un insegnante, molto buono nei confronti dei ragazzi, e il preside della medesima scuola, molto duro e che spesso ricorre anche a punizioni corporali molto pesanti.

secondari (e ancor di più, evidentemente, sarà per i personaggi principali e i protagonisti) ogni prete svolge diversi compiti: il dialogo come aspetto preponderante, a cui vanno ad aggiungersi i riti, la catechesi, la visita alle famiglie, etc.

Un elemento attira l'attenzione: tra tutte le pellicole analizzate finora (107 nel paragrafo precedente e 45 in questo) in cui si veda un matrimonio, in un solo caso il rito è civile[25]. La cosa risulta ancora più straordinaria se si dovessero considerare anche le pellicole analoghe con pastori protestanti o di altre confessioni cristiane (visionate, ma non diventate parte della ricerca): esso resterebbe comunque l'unico caso!

Resta confermata, anche all'interno di questa serie di titoli, la tendenza per cui nessun film italiano ha al suo interno storie di esorcisti. Così come il fatto che il dialogo, la vicinanza alla vita delle persone e la celebrazione dei sacramenti sono aspetti sovrannazionali.

---

[25] Nel finale del film *Andiamo a quel paese* (tit. or. *Andiamo a quel paese*, regia di Ficarra e Picone, Medusa Film, Italia, 2014) assistiamo a un matrimonio in Comune (celebrato tra una donna anziana e un giovane disoccupato che vuole vivere della pensione della futura moglie) dove, con colpo di scena, il parroco si presenta per rivelare il proprio amore per la donna e decide di sposarla (sostituendo, quindi, il giovane promesso sposo).

2.3 PRINCIPALI

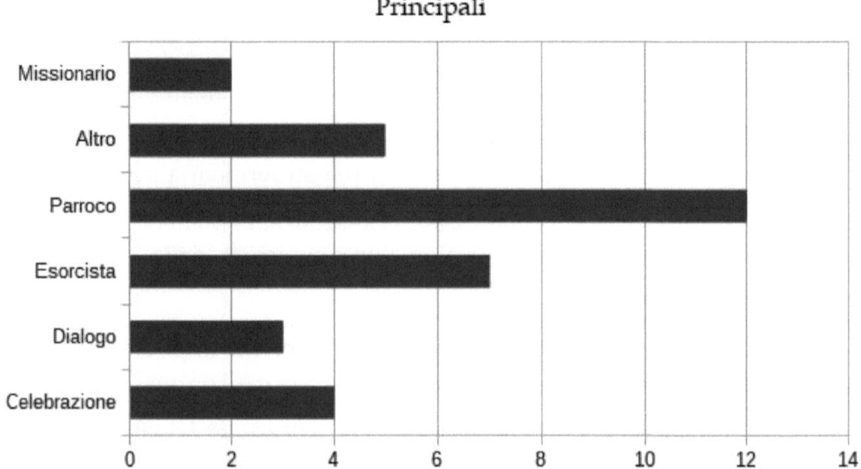

Vengono considerati personaggi principali tutti quei sacerdoti che, senza essere protagonisti della storia narrata, purtuttavia ricoprono un ruolo preponderante rispetto al protagonista. Si passa, in questo paragrafo, da un criterio di tempo trascorso sulla scena a un criterio di ruolo all'interno della storia e della vita dei protagonisti (un personaggio importante, per ovvi motivi, è anche molto presente in termini temporali).

I titoli sono numericamente molto inferiori rispetto ai precedenti paragrafi: si tratta di 34 pellicole. Inoltre, se già con i personaggi secondari si riusciva a delineare il carattere dei ministri, qui ne emergono pregi e difetti, virtù e vizi.

Per quel che riguarda i ruoli ricoperti, invece, diventa ancora più evidente il fatto che non ci sono sacerdoti che svolgono un solo compito, ma tutti hanno una caratterizzazione principale attorno alla quale si sviluppano numerose sfaccettature. Troviamo quindi un gran numero di parroci[26], qualche esorcista[27], qualche direttore spirituale[28], qualche parroco con secondi fini da conseguire nelle varie situazioni[29], alcuni predicatori[30], due missionari[31], un cantante[32], uno innamorato di una donna[33]. Alcune narrazioni inedite fanno la loro comparsa: il molto discusso film di Nanni Moretti *Haebemus Papam*[34], la ripresentazione del caso della scomparsa di Emanuela Orlandi[35], nonché due titoli con la presenza di

---

[26] *E fu sera e fu mattina* (tit. or. *E fu sera e fu mattina*, regia di Emanuele Caruso, Obiettivo Cinema, Italia, 2014); *Fou d'amour* (tit. or. *Fou d'amour*, regia di Philippe Ramos, Alfama Films, Francia, 2015); *Infernet* (tit. or. *Infernet*, regia di Giuseppe Ferlito, A. C. Production, Italia, 2016); *L'ora legale* (tit. or. *L'ora legale*, regia di Ficarra e Picone, Medusa Film, Italia, 2017); *La marche* (tit. or. *La marche*, regia di Nabil Ben Yadir, Europa Corp., Francia 2013); *Non c'è più religione* (tit. or. *Non c'è più religione*, regia di Luca Miniero, 01 Distribution, Italia, 2016); *Si accettano miracoli* (tit. or. *Si accettano miracoli*, regia di Alessandro Siani, 01 Distribution, Italia, 2015); *Trash* (tit. or. *Trash*, regia di Stephen Daldry e Christian Duurvoort, Working Title Films, Inghilterra, 2014); *Villaviciosa de al lado* (tit. or. *Villaviciosa de al lado*, regia di Nacho G. Velilla, Warner Bros., Spagna, 2016); *La pasion de Michelangelo* (tit. or. *La pasion de Michelangelo*, regia di Esteban Larrain, Piranha Films, Cile, 2013).

[27] *Il rito* (tir. or. *The rite*, regia di Mikael Hafstrom, Waner Bros., USA, 2011); *L'altra faccia del diavolo* (tit. or. *The devil inside*, regia di William Brent Bell, Paramount Pictures, USA, 2012); *L'esorcismo di Molly Hartley* (tit. or. *The exorcism of Molly Hartley*, regia di Steven R. Monroe, 20th Century Fox, USA, 2015); *The cloth* (tit. or. *The cloth*, regia di Justin Price, Eminence Production, USA, 2013); *The last witch hunter* (tit. or. *The last witch hunter*, regia di Breck Eisner, Summit Entertainment, USA, 2015); *The vatican exorcisms* (tit. or. *The vatican exorcisms*, regia di Joe Marino, Industryworks, Italia, 2013); *The vatican tapes* (tit. or. *The vatican tapes*, regia di Mark Neveldine, Lionsgate, Usa, 2015).

[28] *Jackie* (tit. or. *Jackie*, regia di Pablo Larrain, Lucky Red, Cile, 2016) che è un film biografico; *Seven devils* (tit. or. *Seven devils*, regia di Benjamin Rider, BR Productions and Riding High Pictures, Inghilterra, 2015); *Misterios de Lisboa* (tit. or. *Misterios de Lisboa*, regia di Raoul Ruiz, Clap Filmes, Portogallo, 2010). Viene contato qui anche il sacerdote "condottiero" e martire del film biografico *Cristiada* (tit. or. *For greater glory. The True story of Cristiada*, regia di Dean Wright, 20th Century Fox, Messico, 2012).

[29] *Corpo Celeste* (tit. or. *Corpo Celeste*, regia di Alice Rohrwacher, Istituto Luce di Cinecittà, Italia, 2011); *Indivisibili* (tit. or. *Indivisibili*, regia di Edoardo de Angelis, Medusa Film, Italia, 2016).

[30] *L'amore inatteso* (tit. or. *Qui a envie d'etre aimé?*, regia di Anne Giafferi, Haut et Court, Francia, 2010); *Se Dio vuole* (tit. or. *Se Dio vuole*, regia di Edoardo Maria Falcone, 01 Distribution, Italia, 2015).

[31] *I fiori della guerra* (tit. or. *Jin ling shi san chai*, regia di Yimou Zhang, Movies Inspired, Cina, 2011); *Bonifacio ang unang pangulo* (tit. or. *Bonifacio ang unang pangulo*, regia di Enzo Williams, Solar Pictures, Filippine, 2014).

[32] *Coexister* (tit. or. *Coexister*, regia di Fabrice Eboue, EuropaCorp. Distribution, Francia, 2017).

[33] *Pais do desejo* (tit. or. *Pais do desejo*, regia di Paulo Caldas, Bananeira Films, Brasile, 2012).

[34] *Habemus Papam* (tit. or. *Habemus Papam*, regia di Nanni Moretti, 01 Distribution, Italia, 2011).

[35] *La verità sta in cielo* (tit. or. *La verità sta in cielo*, regia di Roberto Faenza, 01 Distribution, Italia, 2016).

preti pedofili[36]. Si può facilmente vedere come i registi abbiano attinto a una maggiore varietà di situazioni: un prete ingaggiato da una casa discografica insieme a un rabbino e un imam per diventare un gruppo musicale, la riproposizione di due avvenimenti storici che hanno segnato in modo significativo la storia più recente della Chiesa (la denuncia della pedofilia nel clero nella diocesi di Boston fatta a opera del "Boston Globe" e il caso ancora irrisolto e misterioso della scomparsa di Emanuela Orlandi).

Innanzitutto l'abbigliamento: eccezione fatta per le celebrazioni liturgiche (che, necessitando dei paramenti adeguati, non lasciano agli sceneggiatori grande possibilità di scelta), i sacerdoti vestono (dalla loro seconda apparizione sullo schermo in poi) indifferentemente abito talare, clergyman o abito borghese. Il perché è subito spiegato: una volta che lo spettatore ha riconosciuto e identificato il personaggio (ovvero dopo la prima apparizione in "abiti ufficiali"), gli indumenti possono anche variare durante il seguito del film[37].

In secondo luogo, anche qui (come era stato nel precedente paragrafo) l'aspetto relazionale è molto sottolineato. Dai film horror con gli esorcisti ai comici con parroci di vario tipo, comunque in ogni caso la dimensione preponderante del ministero è quella del dialogo (un consiglio dato, un consiglio richiesto, direzione spirituale, consulenze su casi difficili, etc.).

Se si vanno, poi, a vedere le numerose celebrazioni liturgiche si possono rilevare altre sottolineature interessanti. Per la Messa vengono riproposte sullo schermo, per lo più, le prediche dei sacerdoti; nei funerali, invece, il ricordo del defunto o la sepoltura; in battesimi e cresime il momento specifico del sacramento (l'acqua versata sul capo per il primo o l'unzione in fronte per il secondo); per le

---

[36] *Il caso Spotlight* (tit. or. *Spotlight*, regia di Tim Mc Carthy, BIM Distribuzione, USA, 2015); *Padre Vostro* (tit. or. *Svecenikova djeca*, regia di Vinko Bresan, Interfilms, Croazia, 2013). Questa seconda pellicola, per la verità, vede presenti due sacerdoti: un giovane parroco (motore principale di tutta la storia) e un anziano sacerdote. Quest'ultimo, alla fine del film, si rivelerà essere un pedofilo.

[37] Ci sono alcuni casi (per esempio il già citato film *Cado dalle nubi*) in cui il regista vuole creare l'effetto sorpresa, per cui avviene il procedimento contrario: niente nell'abbigliamento e nell'atteggiamento può far pensare che un determinato personaggio possa essere un prete, ad un certo punto si svela l'ambiguità e quindi il sacerdote viene mostrato in "uniforme". In questa selezione di film, però, questo non avviene mai.

confessioni il momento dell'accusa dei peccati con i relativi consigli (o richiami) del ministro celebrante.

L'assenza più significativa è quella della preghiera personale del prete. In nessun caso si vede il prete ritirato in preghiera con il breviario. In qualche momento è seduto in chiesa, ma in attesa di penitenti per la confessione. Curioso come aspetto, perché la preghiera del breviario viene rappresentata al cinema in altri contesti (basti pensare alle storie di monaci o religiosi di varie congregazioni: in alcuni casi si assiste a sequenze in cui i salmi vengono cantati in latino), ma sembra non appartenere al prete diocesano (almeno nel sentire comune).

Nei film di questo paragrafo, infine, si può trovare l'unica pellicola di nazionalità italiana che tratta di un esorcismo: è il mokumentary *The Vatican Exorcisms* (cfr. nota).

2.4 PROTAGONISTI

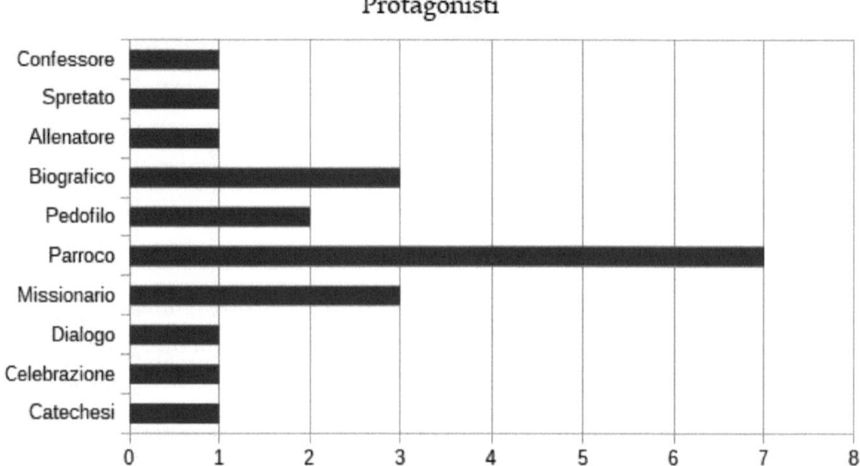

Rimangono gli ultimi 21 titoli: preti attorno ai quali ruota tutta la narrazione cinematografica. Una sezione che riserva notevoli sorprese.

Nell'analizzare i ministeri svolti ci si accorge che non vengono rappresentati esorcisti. Per contro compaiono tre situazioni finora inedite: un ufficiale del Vaticano che fa il direttore sportivo[38], un sacerdote con tendenze omosessuali[39], un prete che lascia il sacerdozio e si ritira a vita privata[40]. Quattro sono le pellicole di genere biografico e documentaristico[41], cinque sono i film con parroci

---

[38] *100 metri dal Paradiso* (tit. or. *100 metri dal Paradiso*, regia di Raffaele Verzillo, 01 Distribution, Italia, 2012).

[39] *W imie...* (tit. or. *W imie...*, regia di Malgorzata Szumowska, MD4, Polonia, 2013).

[40] *Una piccola impresa meridionale* (tit. or. *Una piccola impresa meridionale*, regia di Rocco Papaleo, Warner Bros., Italia, 2013).

[41] I tre documentari sono: *L'ultima cima* (tit. or. *La ultima cima*, regia di Juan Manuel Cotelo, Infinito mas uno, Spagna 2010); *Mea maxima culpa. Silenzio nella casa di Dio* (tit. or. *Mea maxima culpa: Silence in the house of God*, regia di Alex Gibney, HBO Documentary Films, USA, 2012); *Monsenor: the last journey of Oscar Romero* (tit. or. *Monsenor: the last journey of Oscar Romero*, regia di Ana Carrigan, First run features, USA, 2011). Il film biografico è invece: *There be dragons - Un santo nella tempesta* (tit. or. *There be dragons*, regia di Roland Joffé, Atena 3 Films, Spagna, 2011).

"normali"[42], due con missionari[43], un titolo dedicato a dei preti pedofili[44], una pellicola con un sacerdote dedito alla catechesi e al dialogo con le persone[45], un film (strutturato a episodi, protagonista di uno dei quali è un presunto prete) che ricalca la trama di *Non siamo angeli*[46].

Gli ultimi quattro titoli, infine, presentano sacerdoti dediti a diversi ministeri, caratterizzati, però, da un fattore comune: il loro essere in crisi vocazionale e innamorati di una donna[47].

In questo gruppo si confermano alcune tendenze che già erano state sottolineate nel precedente paragrafo, sia per quel che riguarda la celebrazione dei sacramenti sia per quel che compete la preghiera personale del sacerdote.

Le considerazioni "nuove" che si possono fare, invece, sono altre.

Per esempio: i sacerdoti in crisi vocazionale vengono sempre presentati con persone che, al loro fianco (un confratello sacerdote, un religioso, un parente), cercano di aiutarli nella crisi per conservare il loro sacerdozio e, lì dove un prete lascia il ministero, nello stesso film ce n'è uno che rimane fedele alla vocazione.

---

[42] *Babovresky* (tit. or. *Babovresky*, regia di Zdenek Troska, Falcon, Repubblica Ceca, 2012); *Calvario* (tit. or. *Calvary*, Regia di John Michael Mc Donagh, 20th Century Fox, Irlanda, 2014); *Il villaggio di cartone* (tit. or. *Il villaggio di cartone*, regia di Ermanno Olmi, 01 Distribution, Italia, 2011); *Nor'easter* (tit. or. *Nor'easter*, regia di Andrew Brotzman, Nor'Easter Production, USA, 2012); *Stella Days* (tit. or. *Stella Days*, regia di Thaddeus O'Sullivan, Newgrange, Irlanda, 2011).

[43] *Il Missionario – La preghiera come unica arma* (tit. or. *Felices los que lloran*, regia di Marcelo Torcida, Dominus Production, Paraguay, 2016); *Kadal* (tit. or. *Kadal*, regia di Mani Ratnam, Gemini Film Circuit, India, 2013).

[44] *Il club* (tit. or. *El club*, regia di Pablo Larrain, Caramel Films, Cile, 2015). È il secondo film dedicato al tema se si va a contare anche il documentario *Mea maxima culpa. Silenzio nella casa di Dio* della nota 40.

[45] *The Catechism Cataclysm* (tit. or. *The Catechism Cataclysm*, regia di Todd Rohal, IFC Films, USA, 2011).

[46] *Non siamo angeli* (tit. or. *We're no angels*, regia di Neil Jordan, Paramount Pictures, USA, 1990) racconta di due malviventi che per scappare dalla polizia si travestono da sacerdoti e vengono scambiati per tali. La pellicola in questione è *Colpi di fulmine* (tit. or. *Colpi di fulmine*, regia di Neri Parenti, Filmauro, Italia, 2012).

[47] Un parroco innamorato: *La madre* (tit. or. *La madre*, regia di Angelo Maresca, Combo produzioni climax, Italia, 2014); un prete che fa assistenza a persone indigenti e povere: *La mante religieuse* (tit. or. *La mante religieuse*, regia di Natalie Saracco, 7e Earth Productions, Francia, 2012); un confessore: *The Good Catholic* (tit. or. *The Good Catholic*, regia di Paul Shoulberg, Broad Green Pictures, USA, 2017); un missionario: *Elefante Blanco* (tit. or. *Elefante Blanco*, regia di Pablo Trapero, Buena Vista International, Argentina, 2012).

Da notare anche il fatto che i sacerdoti (così come vengono presentati) si innamorano di una donna e mettono in discussione il ministero: nella vita reale (per la quasi totalità dei casi) avviene l'esatto contrario (ovvero una crisi interiore di tipo spirituale che sfocia in un innamoramento).

I film con preti pedofili, per la maggior parte, contengono una critica ai Vescovi e alla Santa Sede perché non è stato fatto abbastanza.

Film biografici e documentari, infine, hanno il pregio di approfondire la dimensione umana dei preti rappresentati, così da fuggire il rischio di proporre figure imbalsamate o lontane dalla realtà.

3. IL RUOLO DEI PRETI NEI FILM

Così scriveva Ezio Alberione nel 1995:

Quello che si intende fare allora [...] è una classificazione sommaria delle tipologie di preti che hanno popolato la storia del cinema, come se fosse uno schedario costantemente aggiornabile in cui, di volta in volta, inserire quelle figure che svolgono soprattutto una funzione di carattere sociale (1. L'umanità del prete), quelle che hanno prevalentemente un impegno celebrativo pastorale (2. Il mestiere del prete), quelle caratterizzate in qualche modo da un risvolto istituzionale generalmente avvertito come negativo (3. Il prete come istituzione). In una sezione a parte sono state considerate invece quelle opere che problematizzano e analizzano il prete in una prospettiva più interiore e spirituale (4. La «passione» sacerdotale)[48].

Ricalcando questa classificazione, si andrà ad aggiornare questo lavoro inserendo i titoli di cui si è parlato finora. Si è ritenuto opportuno, però, fare alcune integrazioni rispetto alla *classificazione sommaria*.

Si ritiene, infatti, che lo studio del prof. Alberione abbia il grande pregio di identificare con precisione le "categorie" di preti che vengono proposti al pubblico, andando a precisare il nucleo principale attorno al quale ruota il ministero del sacerdote in questione. D'altra parte, la filmografia utilizzata è ferma al 1995, anno in cui è stato pubblicato il volume. Una specie di "aggiornamento" è stato pubblicato da mons. Dario Edoardo Viganò nel 2010 in occasione dell'Anno Sacerdotale indetto da papa Benedetto XVI.

Ecco che, con un aggiornamento della filmografia (dal 2010 al 2017), si riesce a completare la lista dei titoli, inquadrandoli nelle categorie precedentemente definite.

---

[48] E. ALBERIONE, D. VIGANÒ, *I preti del cinema. Tra vocazione e provocazione*, Effatà, Milano 1995, p. 81.

3.1 L'UMANITÀ DEL PRETE

Questo prete è, spesso, solo un uomo che indossa l'abito talare: non sempre, infatti, la sua vocazione e il suo ministero rivelano un approfondimento spirituale o un'autentica struttura di vita consacrata e ordinata, elementi che spesso vengono rimossi o dati per scontati o ridotti a cliché esteriori. Questo tipo di sacerdote sullo schermo spesso è un «prete-pretesto», nel senso che consente di parlare, più o meno approfonditamente, in maniera drammatica o in forma brillante, di determinate realtà storiche e sociali[49].

L'ambito assistenziale e quello educativo hanno sempre fatto parte della missione del sacerdote: scuole, mense per i poveri, case di riposo, oratori, etc. Il prete, avendo a che fare con persone concrete, si è sempre dovuto confrontare anche con le loro esigenze concrete e terrene oltre che soprannaturali.

Questa dimensione della vita presbiterale ha trovato parecchie risonanze sul grande schermo.

3.1.1 Assistenti sociali e segni dei tempi

Alle già numerose trasposizioni cinematografiche de *I Miserabili* di Victor Hugo, Tom Hooper ha riproposto nel 2012 una versione in musical[50]: la storia del prigioniero Jean Valjean (interpretato da Hugh Jackman) che anche attraverso l'aiuto di monsignor Myriel (interpretato da Colm Wilkinson) si ricostruisce una vita e una dignità agendo bene. L'azione caritatevole e la testimonianza di un prete riescono a cambiare in meglio una persona.

Non riesce nello stesso esito il sacerdote (interpretato da Attila Mokos) che cerca di salvare dalla delinquenza i giovani del film ceco *Cigan*[51]. Il giovane protagonista (interpretato da Peter Cizmar), infatti, diviso tra la proposta di

---

[49] E. ALBERIONE, D. VIGANÒ, *I preti del cinema. Tra vocazione e provocazione*, Effatà, Milano 1995, p. 83.

[50] *Les Miserables* (tit. or. *Les Miserables*, regia di Tom Hooper, Universal Pictures, Inghilterra, 2012).

[51] *Cigan* (tit. or. *Cigan*, regia di Martin Sulik, Infilm Praha, Repubblica Ceca, 2011).

riscatto sociale del pastore e il contesto di vita degradato sceglie di uccidere lo zio e quindi di abbracciare la delinquenza.

Molto interessante, nel film *Ho amici in paradiso*[52], la figura di don Pino (interpretato da Antonio Catania), responsabile del centro Don Guanella di Roma, che accoglie Felice (interpretato da Fabrizio Ferracane), commercialista salentino che deve scontare dodici mesi di servizi sociali presso la struttura che accoglie persone con menomazioni fisiche e intellettive gravi. Un prete che fa la sua opera di assistenza e aiuta il professionista pugliese a entrare in empatia con i malati e con gli operatori.

Un'altra produzione italiana che ha fatto molto discutere è *Il villaggio di cartone*[53]. Un anziano parroco che vede dismettere la propria chiesa e decide di utilizzarla per accogliere degli immigrati clandestini. Una trama molto semplice, ma capace di suscitare molto scalpore vista l'attualità (anche politica) dell'argomento trattato.

Un ultimo sacerdote è degno di menzione in questa rassegna: don Pietro (interpretato da Alessandro Gassman) nel film *Se Dio vuole*[54]. Un parroco impegnato nella predicazione e nell'evangelizzazione dei giovani, dedito però anche al sostegno delle varie situazioni di bisogno dei suoi parrocchiani disagiati.

Al di là dei diversi esiti, è da rilevare come una certa lettura del Vangelo in chiave buonista e sociologica abbia ridotto la missione del prete a opere di tipo assistenziale: "l'importante è fare del bene". Questi titoli ne sono una dimostrazione: preti che fanno molta carità (cosa buona e lodevole) ma senza mai pregare (si vede, timidamente, qualche celebrazione eucaristica).

---

[52] *Ho amici in paradiso* (tit. or. *Ho amici in paradiso*, regia di Fabrizio Maria Cortese, Golden Hour Films, Italia, 2016).

[53] *Il villaggio di cartone* (tit. or. *Il villaggio di cartone*, regia di Ermanno Olmi, 01 Distribution, 2011).

[54] *Se Dio vuole* (tit. or. *Se Dio vuole*, regia di Edoardo Falcone, 01 Distribution, Italia 2015).

3.1.2 Educatori e insegnanti

Essendo diminuiti i sacerdoti dediti all'insegnamento della religione cattolica nelle scuole, anche nei film essi sono figure diminuite in numero, che vanno quasi scomparendo (ma non del tutto assenti).

Per quel che riguarda biografie di educatori o agiografie, invece, vengono preferibilmente girate e trasmesse come miniserie televisive[55].

Interessante è la comparsa nel film *Quo vado?*[56]: un anziano parroco e insegnante di religione che fa ai bambini la domanda: *Che cosa volete fare da grandi?* Una domanda importante e curiosa, soprattutto se si pensa al contesto socio culturale contemporaneo segnato dall'incertezza e dall'incapacità di progetti di vita a lungo termine o definitivi[57].

Ha a che fare sempre con situazioni complesse anche don Luciano (interpretato da Roberto Farnesi), parroco e insegnante di religione a scuola nel film *Infernet*[58]: nel contrastare problemi e disagi giovanili, si trova a essere falsamente accusato di pedofilia. Il servizio per niente semplice è quello dell'educazione e della formazione di studenti, nonché del contrasto alla violenza (fisica, sessuale, verbale, attraverso i media): il monologo finale lasciato proprio a don Luciano è una breve omelia, alquanto anomala perché interamente centrata sulla fede nell'uomo.

---

[55] Solo per citarne alcune: *Don Bosco* (Miniserie TV, regia di Lodovico Gasparini, Lux Vide, Italia, 2004); *Don Gnocchi - L'angelo dei bimbi* (Miniserie TV, regia di Cinzia TH Torrini, Nimar Studios, Italia, 2004), *Preferisco il Paradiso* (Miniserie TV, regia di Giacomo Campiotti, Lux Vide, Italia, 2011).

[56] *Quo vado?* (tit. or. *Quo vado?*, regia di Gennaro Nunziante, Medusa Film, Italia, 2016).

[57] Così scrivono i Vescovi del mondo nel documento preparatorio per la XV Assemblea ordinaria del Sinodo dei Vescovi: «La combinazione tra elevata complessità e rapido mutamento fa sì che ci troviamo in un contesto di fluidità e incertezza mai sperimentato in precedenza: è un dato di fatto da assumere senza giudicare aprioristicamente se si tratta di un problema o di una opportunità. [...] La crescita dell'incertezza incide sulla condizione di vulnerabilità, cioè la combinazione di malessere sociale e difficoltà economica, e sui vissuti di insicurezza di larghe fasce della popolazione» (http://www.vatican.va/roman_curia/synod/documents/rc_synod_doc_20170113_documento-preparatorio-xv_it.html#2._Leggere_la_situazione , ultima visita 18/08/2018).

[58] *Infernet* (tit. or. *Infernet*, regia di Giuseppe Ferlito, A.C. Production, Italia, 2015).

Sempre insegnanti ed educatori sono i due sacerdoti del film *Sing street*[59]. Padre Barnabas (interpretato da Des Keongh), anziano insegnante di latino, e padre Baxter (interpretato da Don Wycherley), più giovane, preside della scuola cattolica di Dublino che Conor (interpretato da Ferdia Walsh-Peelo) deve frequentare. La rigida impostazione di padre Baxter che non si risparmia neanche in punizioni corporali (il film è ambientato negli anni '40 del '900, periodo in cui l'educazione si serviva anche di questi strumenti) restituisce agli spettatori un'immagine di sacerdote abbastanza negativa (data anche dal contrasto con padre Barnabas che, nonostante la sua presenza sulla scena sia molto breve, si mostra più accondiscendente e comprensivo), irrigidita su posizioni di contrasto (quasi ideologico) rispetto alla sensibilità moderna dei giovani (in particolare, rispetto alla musica pop di quegli anni).

Un ultimo ambito si va a considerare. I sacerdoti che si dedicano all'educazione cristiana di giovani e meno giovani attraverso il catechismo.

Il giovane parroco padre Byrnes (interpretato da David Rees Snell) insegna il catechismo ai ragazzi della sua parrocchia riuniti in chiesa[60]. Anche qui maleducazione e disattenzioni sono punite corporalmente, dando però, complessivamente, un ritratto positivo: vicino alle famiglie, benvoluto dai ragazzi, prende le difese della sua gente nei confronti dei potenti latifondisti nel New Mexico (dov'è ambientata la storia).

Presenze più significative sono, infine, padre Weber (interpretato da Florian Stetter) e padre William Smoortser (interpretato da Steve Little). Il primo, nel film *Kreuzweg - Le stazioni della fede*[61], è un sacerdote di stampo tradizionale che insegna la dottrina del catechismo ai cresimandi. I toni del film sono di critica abbastanza aperta a una certa concezione della fede cattolica (il contesto "integralista" in cui la protagonista è inserita mostra la dimensione fortemente oppressiva della fede sul piano personale della disciplina e delle mortificazioni,

---

[59] *Sing Street* (tit. or. *Sing Street*, regia di John Carney, The Weinstein Company, Irlanda, 2016).

[60] *Bless me, Ultima* (tit. or. *Bless me, Ultima*, regia di Carl Franklin, Monkey Hill Films, USA, 2013).

[61] *Kreuzweg - Le stazioni della fede* (tit. or. *Kreuzweg*, regia di Dietrich Bruggemann, Camino Filmverleih, Germania, 2014).

unitamente al duro contrasto con la mentalità moderna entusiasta di innovazioni e di alleggerimento della vera fede). Il secondo, personaggio di spicco della pellicola *The Catechism Cataclysm*[62], è un predicatore (neanche troppo capace, per la verità) che si trova a trascorrere una giornata con l'idolo della sua adolescenza: l'ex rocker Heavy Metal Robbie (interpretato da Robert Longstreet). L'amicizia tra i due si rivelerà meno forte del previsto quando i protagonisti dovranno fare i conti con una gita in canoa insieme. Potrebbe sembrare un'altra pellicola volta a criticare la religione (il giovane prete non mostra uno spessore umano e spirituale degni di nota), in realtà è una riflessione sull'imprevedibilità dell'esistenza. Il pastore, comunque, si limita a racconti di storielle più o meno divertenti: ne emerge una figura superficiale e poco dedita al proprio servizio di guida di una comunità.

Sulla falsariga del precedente paragrafo, si può dire che viene riconosciuta una certa rilevanza al ruolo educativo dei sacerdoti, anche se sono figure che fanno molto discutere a riguardo (per eccesso di rigidità o, all'opposto, di superficialità).

3.1.3 Comici

Al cinema alcuni preti suscitano una certa simpatia, soprattutto quando sono affidati ad interpreti brillanti conosciuti e amati dal pubblico, ma anche quando si tratta di personaggi fortemente connotati di umanità. Che si tratti allora di poveri cristi in difficoltà che non sanno bene che pesci pigliare o di esseri che mostrano candidamente i loro pregi come i loro difetti e le loro debolezze, di preti che sono tali per caso o per necessità o, ancora, di uomini che brillano per arguzia, candore o energia, in ogni caso si ha a che fare con persone semplici che non vanno troppo per il sottile e che vivono come possono le sfide che il loro ministero comunque pone[63].

Si entra in un ambito che ha abbondanza di titoli nella cinematografia italiana.

---

[62] *The Catechism Cataclysm* (tit. or. *The Catechism Cataclysm*, regia di Todd Rohal, IFC Films, USA, 2011).

[63] E. ALBERIONE, D. VIGANÒ, *I preti del cinema. Tra vocazione e provocazione*, Effatà, Milano 1995, p. 87.

Un sacerdote particolare è don Costantino (interpretato da Rocco Papaleo) che, nel film *Una piccola impresa meridionale*[64], si ritira al proprio paese natale per andare a vivere in un faro con la madre. Attorno a lui si radunano, rapidamente, numerosi "casi disperati": il cognato (tradito e abbandonato dalla moglie, sorella del protagonista), una ex prostituta (sorella della domestica della madre), una ditta di ristrutturazioni chiamata per riparare il tetto dell'edificio (una ex compagnia di circensi) nonché, alla fine, anche la sorella. Quasi un'accozzaglia di persone che diventa, però, un gruppo capace di lavorare insieme, coordinato proprio dall'ex sacerdote. L'improbabile compagnia e l'ancor più improbabile guida danno il via a una serie di gag che, nella loro comicità, aiutano a riflettere.

Nel film *L'ora legale*[65], don Raffaele (interpretato da Leo Gullotta) è un parroco non più giovane che capeggia la "ribellione" al sindaco eletto di Pietrammare. Inizialmente tutto il paese si era mostrato contento della sua elezione perché avrebbe riportato la legalità, ma dopo qualche mese il cambiamento si mostra scomodo e quindi tutta la popolazione vuole tornare indietro. Al di là della storia, la figura di don Raffaele è interessante non solo perché è interpretata da un attore comico italiano (a conferma di quanto scritto da Alberione), ma anche perché mostra la collaborazione (che, in questo caso risulta essere connivenza) tipica dei piccoli paesi italiani dove sindaco e parroco, per volere o per forza, sono nemici-amici, di sostegno reciproco nei rispettivi servizi.

Ancora due parroci italiani: don Mario (interpretato da Massimo De Lorenzo) nel film *Non c'è più religione*[66] e don Germano (interpretato da Fabio De Luigi) in *Si accettano miracoli*[67]. Rispettivamente il primo alle prese con un presepe vivente da allestire senza avere un neonato per fare Gesù bambino: non

[64] *Una piccola impresa meridionale* (tit. or. *Una piccola impresa meridionale*, regia di Rocco Papaleo, Warner Bros., Italia, 2013).

[65] *L'ora legale* (tit. or. *L'ora legale*, regia di Ficarra e Picone, Medusa Film, Italia, 2017).

[66] *Non c'è più religione* (tit. or. *Non c'è più religione*, regia di Luca Miniero, 01 Distribution, Italia, 2016).

[67] *Si accettano miracoli* (tit. or. *Si accettano miracoli*, regia di Alessandro Siani, 01 Distribution, Italia, 2015).

essendoci bambini, il parroco e il sindaco devono chiedere al nutrito gruppo marocchino (e musulmano) abitante sulla medesima isola (ma distaccati dagli altri). Le richieste di Marietto/Bilal (interpretato da Alessandro Gassmann) per prestare il neonato sono svariate e originali (una tra tante: utilizzare la chiesa parrocchiale per i riti maomettani). Alla fine, il presepe vivente viene realizzato (addirittura il Vescovo si reca sull'isola per ammirarlo) e le due comunità che abitano Porto Buio si ritrovano unite.

La seconda pellicola, invece, racconta di un parroco che dirige una casa-famiglia e deve fare i conti con la mancanza di soldi. Il fratello del reverendo (Fulvio, interpretato da Alessandro Siani), licenziato, lo raggiunge al piccolo paese e inscena un miracolo (la lacrimazione di una statua di S. Tommaso, patrono della parrocchia): l'afflusso di pellegrini e turisti sistema i problemi finanziari. La visita, però, del Vaticano costringe Fulvio a raccontare a don Germano dell'inganno.

In entrambi i casi, si viene messi di fronte a figure di preti che cercano di svolgere con zelo misto a goffaggine il loro ministero: situazioni rocambolesche e paradossali danno un tono di comicità al loro operato.

Per citare due produzioni straniere. *Coexister*[68] racconta di un produttore musicale che, per evitare di perdere il lavoro, deve ingaggiare dei musicisti in grado di riempire l'Olympia concert hall di Parigi. Nicolas (interpretato da Fabrice Eboue) e la sua collega Sabrina (interpretata da Audrey Lamy) decidono di costituire un gruppo con un prete cattolico, un rabbino e un imam. Don Benedetto (interpretato da Guillame de Tonquedec) viene facilmente reclutato, non si può dire lo stesso dell'imam e del rabbino. Così si accontentano di un capo ebreo mentalmente instabile (interpretato da Jonathan Cohen) e un impostore che pretende di essere un imam (interpretato da Ramzy Bedia). Non mancano le gaffe e le incomprensioni tra i tre, non tanto per la loro religione, ma per il fatto che il sacerdote è all'oscuro della vera identità dei due colleghi cantanti.

[68] *Coexister* (tit. or. *Coexister*, regia di Fabrice Eboue, EuropaCorp. Distribution, Francia, 2017).

Padre Monaghan (interpretato da Robin Williams) in *The big wedding*[69], infine, si trova suo malgrado nell'imbarazzante situazione di dover confessare un futuro sposo (Alejandro Griffin, interpretato da Ben Barnes) con i suoi genitori adottivi (Don Griffin interpretato da Robert De Niro e Ellie Griffin interpretata di Diane Keaton), che sarebbero divorziati, ma fingono di stare ancora insieme per l'arrivo, in occasione delle nozze del figlio, della madre biologica di Alejandro (Madonna Soto interpretata da Patrice Rae). La breve apparizione del sacerdote offre momenti davvero esilaranti all'interno del lungometraggio.

Gli interpreti dei vari personaggi (di solito attori comici) unitamente alle situazioni paradossali suscitano quel riso mai volgare e, soprattutto, capace anche di far riflettere.

3.2 Il mestiere del prete

> *Un calcolo quantitativo della presenza del prete sullo schermo probabilmente stabilirebbe una netta prevalenza di «professionisti», di sacerdoti impegnati nell'esercizio di determinate funzioni liturgiche e culturali alla stregua di operai (del settore religioso) o di impiegati di (sacro) concetto. In questi casi, la presenza del prete non è niente di più che un semplice accenno che acquista senso solo nell'economia complessiva della vicenda narrata. In altri casi, però, se non sempre in essi il prete assolve degnamente il suo compito, il ministero sacerdotale assume maggiore rilevanza fino a diventare centro di interesse del racconto o, comunque, elemento assai significativo*[70].

Si conferma, anche nel breve periodo 2010-2017, la tendenza sottolineata da Alberione per cui la maggior parte delle presenze di sacerdoti sul grande schermo è per motivi celebrativi e cultuali. Si potrebbe dire che è l'elemento maggiormente qualificante il sacerdote stesso: chiunque può fare servizio con i

[69] *The big wedding* (tit. or. *The big wedding*, regia di Justin Zachman, Two Ton Films, USA, 2013).

[70] E. Alberione, D. Viganò, *I preti del cinema. Tra vocazione e provocazione*, Effatà, Milano 1995, p. 105.

poveri, piuttosto che fare l'educatore o insegnare, ma non tutti possono amministrare i Sacramenti.

Così, come è già stato sottolineato, molti sacerdoti presenti come comparse o personaggi secondari "esauriscono" la loro presenza sullo schermo nel tempo di un Sacramento, dove invece sono personaggi principali e protagonisti sicuramente appaiono anche durante qualche momento rituale. Il regista, in questo secondo caso, volendo dare un'immagine più completa del sacerdote messo in scena, non può assolutamente far mancare il tassello della liturgia in questo mosaico di elementi.

3.2.1 Celebranti

In questo paragrafo, quindi, ci si limita a fare un bilancio totale dei numeri e delle celebrazioni, in particolare rispetto alle comparse e ai personaggi secondari.

Globalmente, vengono rappresentati 5 Battesimi, 21 Funerali, 4 Messe di Prima Comunione, 20 Matrimoni, 3 Professioni religiose, 2 Cresime, 1 Benedizione semplice, 1 Estrema Unzione.

Gli esorcismi, che in totale sono 15, saranno trattati in un apposito paragrafo: non tanto dal punto di vista rituale, quanto piuttosto per il fatto che non tutti i sacerdoti ne sono abilitati all'esercizio (nel mondo reale serve un'autorizzazione particolare del Vescovo) e quindi sono sacerdoti "speciali". Sono, poi, tutti film di genere *horror* (2 titoli sono parodie del genere *horror*) e anche questo contribuisce a caratterizzare in modo ancora più specifico e standardizzato i personaggi.

Due annotazioni a parte necessitano i Sacramenti più rappresentati.

Le SS. Messe celebrate (o meglio, rappresentate) sono 35 in totale. Essendo l'espressione pubblica più comune della fede cattolica, l'Eucaristia è quella che, più di altri Sacramenti, mostra la Chiesa nella sua articolazione e di popolo e gerarchica (di cui i sacerdoti fanno parte). L'annotazione forse più rilevante è che, nella maggior parte dei film, della Messa viene portata sullo schermo la predica del sacerdote (in qualche raro caso, anche il momento in cui la gente si avvicina all'altare per ricevere la Comunione): dato da sottolineare, perché l'omelia è il momento della celebrazione più soggettivo (nel senso che è preparata e proclamata personalmente da ogni sacerdote, quindi ogni predica è diversa da tutte le altre), meno standardizzato (per i contenuti) quindi il momento in cui maggiormente emerge la personalità e il carattere del ministro, mettendo in secondo piano il contenuto stesso della celebrazione.

Infine, per 24 volte viene rappresentato il Sacramento della Confessione. In ogni rappresentazione l'attenzione è posta sulla confessione dei "peccati" da parte dei personaggi che si rivolgono ai sacerdoti: in alcuni casi non viene neanche rappresentata l'assoluzione del penitente, elemento essenziale del rito sacro.

Possiamo assistere, all'interno dei film, fondamentalmente a tre tipi di confessioni. Quelle dal tono comico: o le cose confessate dal penitente o la modalità che il prete ha di affrontare quello che ascolta dà risultati comici[71], perché diventano una sorta di parodia degli atteggiamenti e dei comportamenti delle diverse parti coinvolte. Troviamo, poi, quelli che "vuotano il sacco": il confessionale, così, diventa il luogo dove vengono sfogate tutte le frustrazioni del personaggio. Scopo non è, neanche in questo caso, l'assoluzione di Dio attraverso il suo mediatore, ma è manifestare il proprio disagio a qualcuno: questo spiega anche il perché in alcune pellicole si possono trovare cristiani non cattolici che vanno a "confessarsi" da preti cattolici, come anche confessioni fatte da pastori protestanti con i loro fedeli aderenti alla riforma[72]. L'ultimo "tipo" di confessioni è quello tipico dei film di genere thriller e giallo: il confessionale diventa il luogo dove lo spettatore viene messo a conoscenza di dettagli nuovi rispetto ai casi indagati. Può avvenire direttamente lo svelamento del colpevole per sua

[71] Un titolo fra tutti: *The big wedding* (tit. or. *The big wedding*, regia di Justin Zachman, Two Ton Films, USA, 2013).

[72] Il Sacramento della Confessione, nella riforma luterana, non è contemplato perché essendo necessario *solus Christus* le sue mediazioni (i sacerdoti) non servono, ma ogni fedele può accedere direttamente a Dio e, quindi, può confessare direttamente a Lui i suoi peccati: un esempio è *The Counselor. Il Procuratore* (tit. or. *The Counselor*, regia di Ridley Scott, 20th Century Fox, Inghilterra, 2013).

ammissione, facendo aumentare la suspense (ogni apparizione successiva del reo confesso darà apprensione al pubblico perché potrebbe fare qualcos'altro di male) e la curiosità del pubblico di scoprire come sarà svelato e consegnato alla giustizia il cattivo. Oppure le confidenze delle vittime forniscono nuovi dettagli che permettono agli spettatori di giungere alla soluzione.

3.2.2 Esorcisti

Ampio spazio è dato, anche nei tempi recenti, alle figure degli esorcisti. Molti i titoli con numerose figure di sacerdoti esorcisti: alcuni più classici, altri più "alternativi" nello stile di vita sacerdotale (e nello stile di gestione di un esorcismo). La materia viene trattata sempre all'interno del genere horror o nelle parodie del medesimo genere filmico.

La prima pellicola da citare è *Il rito*[73]. Un film, per molti versi, simile al famosissimo *L'esorcista* di William Friedkin[74]: due esorcisti come protagonisti, uno più anziano e ricco di esperienza, uno più giovane e con qualche titubanza di fede, una donna vittima di una possessione demoniaca. La morte della ragazza colpita dal maligno e la relativa indagine rendono diverso lo sviluppo della storia rispetto al suo "modello" più datato. L'esito finale, ovvero l'accettazione da parte del sacerdote più giovane della missione di esorcista, ancora una volta accomuna le due storie. Nella serie di film presi in esame questo è l'unico dove i preti sono protagonisti della storia, in tutti gli altri viene raccontata la vicenda della persona ossessa dal diavolo che, prima o poi, fa i conti anche con l'esorcista.

Molto più alternativa e fuori dai canoni è la figura di padre Mendoza (interpretato da Edgar Ramirez) nel film *Liberaci dal male*[75]. La vicenda di alcuni agenti di polizia di New York si incrocia con quella di alcuni militari americani rientrati dall'Iraq, di una donna posseduta da un demonio e dal sacerdote che ha

[73] *Il rito* (tit. or. *The rite*, regia di Mikael Hafstrom, Waner Bros., Usa, 2011).

[74] *L'esorcista* (tit. or. *The Exorcist*, regia di William Friedkin, Warner Bros. USA, 1973).

[75] *Liberaci dal male* (tit. or. *Deliver us from evil*, regia di Scott Derrickson, Screen Games, USA, 2014).

"in cura" quest'ultima in qualità di esorcista. Ancora una volta, la vicenda sviluppa la storia della presenza del male accanto all'uomo e l'incredulità di molti. Primo tra questi increduli è proprio il poliziotto protagonista Ralph Sarchie (interpretato da Eric Bana): il suo senso pratico unitamente alla sua esperienza con le malefatte umane che quotidianamente affronta per lavoro non gli permettono di vedere oltre. Il sacerdote, che è sempre in borghese (meglio, *in incognito* come dice di se stesso quando va al commissariato per recuperare la sua *assistita*), rimanda al male più grande e misterioso non frutto dell'azione umana. Il rito di esorcismo svolto in parte in spagnolo (lingua materna del sacerdote) in parte in latino, l'abbigliamento assolutamente "anonimo" (con nessun tipo di segno che lo rende riconoscibile, anche se durante l'esorcismo indossa la stola viola sopra i vestiti) rendono Mendoza molto originale nel campionario degli esorcisti.

Tratta in maniera "estrema" l'argomento demoniaco il film *The vatican tapes*[76]: la protagonista Angela Holmes (interpretata da Olivia Taylor Dudley) è l'anticristo in persona. Nella storia, dagli esiti nefasti (la donna provoca un incidente stradale in cui trovano la morte il marito e il padre e un cardinale che viaggiava in macchina con loro), l'esorcista padre Oscar Lonzano (interpretato da Michael Pena) dopo un tentativo di esorcismo non andato a buon fine, si ritira a Roma per combattere, a fianco del vicario responsabile della lotta al maligno, mentre l'anticristo è libero di muoversi sulla Terra.

Lavora molto di fantasia, infine, lo sceneggiatore di *The Cloth*[77]: gli esorcisti sono considerati una setta segreta istituita dalla Chiesa fin dall'antichità per mantenere l'equilibrio fra il bene e il male.

Un altro raggruppamento considerato è molto particolare, perché si tratta di mokumentary, ovvero un incrocio tra i film di finzione e i documentari[78]: si tratta di storie inventate (come la maggior parte dei film) realizzate, però, con

[76] *The vatican tapes* (tit. or. *The vatican tapes*, regia di Mark Neveldine, Lionsgate, USA, 2015).

[77] *The cloth* (tit. or. *The cloth*, Justin Price, Eminence Production, USA, 2013).

[78] Per approfondire il dibattito sui mokumentary si rimanda alla pubblicazione: C. FORMENTI, *Il Mokumentary. La fiction si maschera da documentario*, Mimesis Edizioni, Milano, 2013.

accorgimenti e tecniche tipici dei documentari (suono in presa diretta, camere a mano neanche troppo ferme e stabilizzate, inquadrature con angolazioni insolite). Anche le campagne pubblicitarie di promozione delle pellicole ne parlano come fossero documentari a tutti gli effetti.

I film identificati sono solamente quattro[79] (nell'arco degli otto anni presi in considerazione) e sono tutti di genere *horror*: raccontano infatti di possessioni demoniache ed esorcismi. Alcuni elementi accomunano queste opere.

Innanzitutto, le scritte che seguono immediatamente i titoli di testa (lì dove sono presenti) su fondo nero che contestualizzano temporalmente gli eventi certificandone la veridicità (e la loro illiceità: infatti spesso la scritta recita che il Vaticano non autorizza le registrazioni degli esorcismi e quindi quello che si andrà a vedere è, in qualche modo, materiale proibito e potrebbe urtare le persone più sensibili).

Poi vengono coinvolti dei preti: possono essere gli esorcisti che operano "sul campo" con i personaggi oggetto dell'ossessione demoniaca oppure possono essere i parroci dei luoghi dove abitano i personaggi stessi.

Molti degli eventi di origine preternaturale che vengono ripresi sono assolutamente improbabili nella realtà: sembrano riprese amatoriali (quindi con un alto tasso di veridicità, almeno nel sentire comune), ma non possono esserlo[80].

Gli ultimi due film che vengono citati in questa categoria sono: *Ghost Movie*[81] e *Ghost Movie 2: questa volta è guerra*[82], pellicole con il comune obiettivo di parodiare l'intero genere *horror* (prendendo in giro molte produzioni che hanno

---

[79] *An irish Exorcism* (tit. or. *An irish Exorcism*, regia di Eric Courtney, POV Horror, Irlanda, 2013), *The vatican exorcisms* (tit. or. *The vatican exorcisms*, Joe Marino, Industryworks, Italia, 2013), *La stirpe del male* (tit. or. *Devil's Due*, regia di Matt Bettinelli-Olpin, 20th Century Fox, USA, 2014), *L'altra faccia del diavolo* (tit. or. *The devil inside*, regia di William Brent Bell, Paramount Pictures, USA, 2012).

[80] Non si possono aprire dissertazioni di demonologia in questa sede, quindi non ci si soffermerà a definire nello specifico cosa è verisimile o cosa è invece impossibile negli esorcismi reali, ma si rimanda a scritti teologici sul tema.

[81] *Ghost Movie* (tit. or. *A haunted house*, regia di Michael Tadders, Universal Pictures, USA, 2013).

[82] *Ghost Movie 2: questa volta è guerra* (tit. or. *A haunted house 2*, regia di Michael Tadders, Universal Pictures, USA, 2014).

riscontrato grande successo nel pubblico). Non mancano, quindi, gli esorcisti: vengono citati i film "seri" esasperandone alcuni tratti tipici (la stola viola utilizzata dagli esorcisti per il rito, lo "scontro" tra l'esorcista e lo spirito maligno che possiede la persona) per suscitare il riso del pubblico.

A eccezione del primo film considerato, in tutti gli altri (sia quelli citati che quelli non citati) gli esorcisti sono personaggi collaterali e non protagonisti (quindi non ne viene particolarmente approfondita la personalità), le trame sono abbastanza standard (improntate sullo scontro tra bene e male): a fronte di piccole variazioni (i personaggi coinvolti o i loro lavori) per il resto non si annotano elementi rilevanti.

Se il *cliché* dell'esorcista è abbastanza consolidato, non si vede mai quello che forse è l'elemento portante della sua vita: la preghiera personale, ciò che gli permette di sostenere la battaglia contro lo spirito del male.

3.2.3 Missionari

I preti diocesani missionari non sono numerosi: esistono, infatti, congregazioni religiose nate appositamente per l'evangelizzazione delle terre lontane dove non è ancora arrivata la fede cristiana.

Nonostante ciò, però, esistono racconti cinematografici a riguardo.

Trash[83] narra di tre ragazzi che abitano nelle favelas brasiliane e lavorano allo smistamento rifiuti di una discarica. Un giorno trovano il portafogli di un uomo scomparso in circostanze misteriose: loro malgrado, si trovano coinvolti in un pericoloso complotto di politica e polizia. I protagonisti, come tanti altri ragazzi, frequentano la parrocchia/missione di padre Juilliard (interpretato da Martin Sheen): una figura di sacerdote molto positiva dedito alle celebrazioni, all'educazione dei ragazzi e capace di destreggiarsi anche nelle situazioni più contorte e corrotte con la polizia, per difendere i suoi ragazzi.

---

[83] *Trash* (tit. or. *Trash*, regia di Stephen Daldry e Christian Duurvoort, Working Title Films, Inghilterra, 2014).

Sempre un film ambientato in terra di missione e con adolescenti come protagonisti è *Il Missionario. La preghiera come unica arma*[84]. Protagonista è Juan (interpretato da Harry Stanley), adolescente di una famiglia benestante paraguaiana, in conflitto con il padre. Volendo trovare la sua indipendenza, si stacca dalla sua famiglia e si lega a un gruppo di narcotrafficanti. Sarà l'incontro con padre Mario (interpretato da Carlos Cabra), in una situazione di estremo pericolo, che gli permetterà di uscire dal giro della droga, di ritrovare la fiducia in Dio e nella sua famiglia fino alla riconciliazione con il padre. Il taglio marcatamente apologetico della pellicola si percepisce, ma ancora una volta viene restituita al pubblico un'immagine di sacerdote attento alla spiritualità così come ai rapporti umani.

Sono ispirati a vicende storiche[85] le due pellicole *Bonifacio ang unang pangulo*[86] e *I fiori della guerra*[87] che mettono in scena rispettivamente alcuni momenti dell'evangelizzazione delle Filippine e la storia del massacro di Nachino a opera dell'esercito giapponese. Se nel primo film vediamo molti missionari e martiri, nel secondo assistiamo a una sostituzione di persona: il becchino John Miller (interpretato da Christian Bale) arrivato a Nachino per dare sepoltura a padre Engelmann, in realtà si finge un sacerdote per proteggere ragazze e donne vittime della violenza dell'esercito nipponico.

Infine, *Kadal*[88], la storia di Thomas (interpretato da Gautham Karthik) giovane emarginato dagli abitanti del proprio villaggio perché figlio di una prostituta. Un sacerdote si prende cura di lui, lo istruisce e lo educa anche alla fede cristiana. Il giovane, una volta cresciuto, diventa pescatore. Arriva a sapere che

---

[84] *Il Missionario. La preghiera come unica arma* (tit. or. *Felices los que lloran*, regia di Marcelo Torcida, Dominus Production, Paraguay, 2016).

[85] Si è ritenuto opportuno riferire qui (e non nel capitolo 4 dedicato ai film storici e biografici) di questi due film innanzitutto perché, essendo ispirati a fatti realmente accaduti, non è dato sapere con precisione cosa sia storia e cosa invece sia fantasia dell'autore della sceneggiatura piuttosto che del regista. In secondo luogo, perché i sacerdoti sono collaterali alla storia e non protagonisti.

[86] *Bonifacio ang unang pangulo* (tit. or. *Bonifacio ang unang pangulo*, regia di Ezo Williams, Solar Pictures, Filippine, 2014).

[87] *I fiori della guerra* (tit. or. *Jin ling shi san chai*, regia di Yimou Zhang, Movies Inspired, Cina, 2011).

[88] *Kadal* (tit. og. *Kadal*, regia di Mani Ratnam, Gemini Film Circuit, India, 2013).

sul sacerdote che si era preso cura di lui pende un'accusa di adulterio e omicidio. Sdegnato di ciò, mette in discussione la fede cristiana ricevuta ed entra in giri criminali. Dopo aver toccato il fondo, una nuova redenzione riabilita il ragazzo anche agli occhi della sua amata e gli permette di scoprire la falsità delle accuse fatte contro il prete.

In queste pellicole (come in tutte le altre prese in considerazione anche se non dettagliatamente analizzate) si può notare una costante: l'opera di diffusione della fede viene vista quasi indissolubilmente collegata alla promozione sociale e protezione delle persone più deboli e povere. Il Vangelo che i missionari portano nel mondo ha anche la capacità di nobilitare, di dare dignità alle persone e a tutto ciò che fanno: con tutti i limiti che ci possono essere nel mezzo cinematografico, però potremmo dire che questo è un elemento fondamentale che compone la rappresentazione sociale del sacerdote missionario.

3.2.4 Parroci

Forse quella dei parroci è una categoria non bene definibile, nel senso che l'impegno della parrocchia richiede la celebrazione dei sacramenti, l'avvicinamento e l'evangelizzazione dei "lontani", l'amministrazione dei beni e delle strutture parrocchiali, la catechesi di ragazzi, giovani e adulti, la "rappresentanza" ufficiale e il rapporto con le autorità civili del luogo dove si svolge il ministero. L'"esposizione pubblica" del parroco ne mette in risalto pregi e difetti: cose che vengono, naturalmente, riproposte sul grande schermo.

Corpo celeste[89] è una produzione italiana che racconta la storia di Marta (interpretata da Yle Vianello), una ragazza di tredici anni che dopo una lunga permanenza in Svizzera, rientra a Reggio Calabria, paese natale della madre. Lì deve fare l'esperienza del catechismo per la preparazione della Cresima: Santa (interpretata da Pasqualina Scuncia) una catechista che insegna la dottrina attraverso giochi, quiz e musica ritmata pop; compagne di classe un po' vanesie;

[89] *Corpo Celeste* (tit. or. *Corpo Celeste*, regia di Alice Rohrwacher, Istituto Luce di Cinecittà, Italia, 2011).

don Mario (interpretato da Salvatore Cantalupo) un po' carrierista un po' legato alla politica locale. Marta non trova un ambiente a lei congeniale. Sarà, invece, il brevissimo incontro con don Lorenzo (interpretato da Renato Carpentieri) che lascerà la traccia più profonda per il suo cammino di fede.

Il film indipendente *E fu sera e fu mattina*[90], invece, porta sul grande schermo una storia inconsueta: nel paese di Avila (provincia di Cuneo) arriva la notizia che entro pochi giorni il sole esploderà distruggendo la Terra. Le reazioni dei personaggi sono le più diverse: don Francesco (interpretato da Albino Marino) che cerca di trovare pace con il suo passato; Anna (interpretata da Sara Francesca Spelta), un'insegnante, che cerca nel suo fidanzato Marse (interpretato da Simone Riccioni) un rifugio per proteggersi dalla disperazione; Gianni (interpretato da Lorenzo Pedrotti), un ragazzo ateo, che usa il sarcasmo per affrontare gli eventi difficili; Luisa (interpretata da Francesca Risoli), una barista che cerca di riprendersi da un recente dolore. L'evento dell'imminente fine del mondo porta alla luce una grandissima varietà di atteggiamenti, paure e insicurezze. Ne emerge un parroco molto vicino alla sua gente, spontaneo in certi atteggiamenti (a volte quasi scontroso), ma senza visione soprannaturale, molto "appiattito" sull'umano, quasi psicologico.

Di tutt'altra impostazione, invece, è il sacerdote del film *L'amore inatteso*[91]. Pellicola francese che racconta il cammino di conversione dall'ateismo alla fede cattolica di Antoine (interpretato da Eric Caravaca), un avvocato quarantenne parigino. Quest'uomo e padre di famiglia, nell'andare ai colloqui scolastici per il figlio maggiore Arthur (interpretato da Quentin Grosset), scopre che il figlio non ha problemi di rendimento, ma manca di un rapporto con lui. Il professore, quindi, gli recapita un invito a una catechesi cattolica, cui Antoine partecipa più per rispetto dell'invito che per convincimento. La partecipazione agli incontri lo mette di fronte a tanti fatti irrisolti della sua vita: il pregiudizio anticattolico della moglie Claire (interpretata da Arly Jover), a fronte del quale deve recarsi di nascosto alle

---

[90] *E fu sera e fu mattina* (tit. or. *E fu sera e fu mattina*, regia di Emanuele Caruso, Obiettivo Cinema, Italia, 2014).

[91] *L'amore inatteso* (tit. or. *Qui a envie d'etre aimé?*, regia di Anne Giafferi, Haut et Court, Francia, 2010).

riunioni; il brutto rapporto con il fratello Alain (interpretato da Benjamin Biolay) e con il padre (interpretato da Jean-Luc Bideau); solo la sorella Hortense (interpretata da Valérie Bonneton) sembra capirlo e sostenerlo. Al termine degli incontri di catechesi, l'ultima serata viene dedicata alle testimonianze di coloro che vi hanno partecipato e Antoine racconta di come la sua vita sia davvero cambiata nelle relazioni con le persone a lui più vicine, così come nel lavoro e nelle altre attività: un cambiamento per lui molto positivo. La moglie, che mai aveva condiviso questa scelta del marito, di nascosto resta ad ascoltarlo nella sala parrocchiale e, terminata la serata, lo abbraccia consapevole che questo amore per Dio non minaccia il loro amore. Tra i tanti pregi, forse il tratto più bello del sacerdote di questo film (di cui non viene riferito il nome) è il suo ruolo di accompagnatore nella fede: non si sostituisce alle persone, non fa scelte al loro posto e non dà ordini, ma accompagna fino a che le persone possano scegliere per il Signore.

Anche il film irlandese *Stella Days*[92] è basato su una storia vera. Il parroco di Borriosokane nel Tipperary sta vivendo un momento di fatica nel cammino sacerdotale: la routine nel piccolo paese, fatta di SS. Messe, Confessioni e visite a famiglie e malati, lo logora. Padre Daniel Barry (interpretato da Martin Sheen), su richiesta del Vescovo, deve iniziare una raccolta di fondi e pensa di conciliarla con la sua passione: decide la costruzione di una sala cinematografica. Ciò diventa un problema per coloro che considerano le pellicole origine di corruzione morale e degrado. Il parroco si trova, in questo modo, diviso interiormente tra un suo grande hobby (quello del cinema) e il dovere (la raccolta fondi voluta dal Vescovo), in una situazione personale di crisi di coscienza. Profondamente convinto di quanto lo strumento cinematografico possa essere formativo per la sua gente, porta avanti la sua "battaglia" fino a ottenere il tanto desiderato traguardo. Un'altra figura molto bella di parroco: anche se dai modi inizialmente burberi o quasi disinteressati (dati dalla sua crisi vocazionale), si manifesta invece un pastore capace di amare il suo gregge con lungimiranza e attenzione alla sensibilità dei suoi contemporanei.

---

[92] *Stella Days* (tit. or. *Stella Days*, regia di Thaddeus O'Sullivan, Newgrange, Irlanda, 2011).

3.3 IL PRETE COME ISTITUZIONE

Il prete è un uomo di chiesa.

Il suo ministero all'interno della Chiesa è un servizio che spesso comporta anche l'esercizio del potere. Ed è facile intuire che il potere espone a diversi rischi che male si addicono al ministero sacerdotale. Il compito di vigilanza e di cura pastorale può rivelare atteggiamenti autoritaristici, può determinare collusione e confusione con il potere civile, manifestare aspetti repressivi tanto più intollerabili quanto più sono rivolti alla conservazione di posizioni di privilegio[93].

Numerose pellicole mostrano i rapporti istituzionali all'interno della Chiesa, nonché tra membri autorevoli di Chiesa e istituzioni civili.

Si può dire che la cinematografia italiana (nel periodo esaminato) fornisca numerosi e interessanti spunti.

Habemus papam[94] ha una storia molto "originale": dopo la morte del Papa, i novendiali e il funerale è necessario riunire il conclave. Dopo aver eletto il nuovo Papa (interpretato da Michel Piccoli), giunto il momento dell'annuncio al popolo romano e al mondo, il nuovo Sommo Pontefice, preso da un attacco di panico, fugge via. Viene convocato uno psicoterapeuta (il dott. Brazzi, interpretato da Nanni Moretti, regista stesso del film) dentro il conclave (non ancora chiuso perché non ancora ufficialmente proclamato il Papa come tale) per fronteggiare la depressione e il senso di impotenza del nuovo Vicario di Cristo. Dopo una nuova consultazione con una seconda psicoterapeuta, il Papa "fugge" di nascosto per le strade di Roma. Si sistema prendendo una stanza in un albergo (è in borghese e nessuno sa chi è), conosce varie persone finché i cardinali, avendo scoperto la sua sistemazione, trovano il modo di riportarlo ai Sacri Palazzi (lo recuperano a uno spettacolo teatrale) per presentarlo al mondo sulla Loggia delle benedizioni.

---

[93] E. ALBERIONE, D. VIGANÒ, *I preti del cinema. Tra vocazione e provocazione*, Effatà, Milano 1995, p. 127.

[94] *Habemus Papam* (tit. or. *Habemus Papam*, regia di Nanni Moretti, 01 Distribution, Italia, 2011).

L'epilogo ha qualcosa di "profetico" rispetto a quanto è successo il giorno 11 febbraio 2013, quando Benedetto XVI annunciò le proprie dimissioni dal Soglio petrino: il Papa di Nanni Moretti annuncia nel messaggio *urbi et orbi* di non accettare il peso dell'elezione a Pontefice e quindi il conclave deve ricominciare. Al di là dell'originalità a tratti surreale della storia, viene rappresentata con dovizia di particolari molta parte del cerimoniale legato alla Sede vacante: la dimensione istituzionale, pubblica e ufficiale della Chiesa (sono presenti anche alcune immagini d'archivio dei funerali di S. Giovanni Paolo II) viene proposta a partire da uno sguardo ateo, che quindi mette in risalto l'apparato esteriore.

Lo sguardo comico di *100 metri dal Paradiso*[95] mostra, invece, l'esigenza interna alla Chiesa di mostrarsi al mondo più "a portata di mano". Protagonista è monsignor Angelo Paolini (interpretato da Domenico Fortunato), incaricato per la Santa Sede alle Comunicazioni sociali, che vuole "svecchiare" le modalità di insegnamento del Vangelo e trasmissione della fede: inizialmente lo fa attraverso applicazioni per telefonino o altri dispositivi social, in un secondo momento decide di costituire la squadra del Vaticano per concorrere alle Olimpiadi di Londra 2012. Cerca l'aiuto dell'amico ex campione di corsa Mario Guarrazzi (interpretato da Jordi Mollà) che farà da preparatore atletico, e sceglie i dieci atleti che terranno alta la bandiera del Vaticano. Al di là dei siparietti comici, che non mancano, in questo film vengono messi in luce i rapporti istituzionali all'interno dei Sacri Palazzi: Prefetti di Dicasteri pontifici, segretari e ufficiali della Curia Romana, Cardinali e autorità varie nell'ambito della gestione della Santa Sede.

La verità sta in cielo[96] (di cui si parlerà diffusamente nel paragrafo 4.1 Film storici e biografici a p. 56) ricostruisce il caso misterioso della scomparsa di Emanuela Orlandi (ne viene data, ovviamente, un'interpretazione visto che il giallo è tuttora irrisolto): essendo una pagina assolutamente non chiara della storia della Santa Sede a livello interno e a livello di politica estera, mostra parecchie situazioni di rapporti istituzionali tra ufficiali della Curia romana con

---

[95] *100 metri dal Paradiso* (tit. or. *100 metri dal Paradiso*, regia di Raffaele Verzillo, 01 Distribution, Italia, 2012).

[96] *La verità sta in cielo* (tit. or. *La verità sta in cielo*, regia di Roberto Faenza, 01 Distribution, Italia, 2016).

altri enti e organizzazioni, mettendone in evidenza la problematicità relativamente al caso Orlandi (il crack finanziario del Banco ambrosiano, la sepoltura del pregiudicato mafioso De Pedis nella chiesa di Sant'Apollinare a Roma, il tanto discusso arcivescovo Paul Marcinkus).

In chiave comica, vengono presentati il Vescovo di Milano (con le sue varie iniziative con giocatori d'azzardo, fedeli di altre confessioni cristiane o di altre religioni) e il suo segretario, nel film *Che bella giornata*[97]. Anche qui, al di là della sceneggiatura comica, emergono i rapporti istituzionali e le dinamiche interne tra superiori e sottoposti nella curia milanese (ma simili a tutte le curie).

Un'annotazione si può fare in calce. I sacerdoti, per la loro vicinanza alla gente, per la loro condivisione della vita quotidiana delle persone attraverso l'ordinarietà quotidiana (il dialogo, la visita alle famiglie e la benedizione delle case), i momenti di gioia e festa (come possono essere Battesimi e Matrimoni) così come nei momenti più difficili (l'accompagnamento verso la morte attraverso l'Unzione degli Infermi o la celebrazione dei funerali), vengono percepiti più per la loro personalità che per il ruolo istituzionale e gerarchico ricoperto[98]. Nell' "allergia" sviluppata dal '68 per le istituzioni, e quindi anche per la Chiesa (i modi di dire tipici "Cristo sì, Chiesa no", "Credo in Dio, ma non nei preti", etc.), si può dire che tanta parte dei preti (in particolare parroci, missionari ed educatori) ha risentito in modo minore della Rivoluzione: le persone inserite negli ambienti più vicini al cattolicesimo, paradossalmente, trovavano appoggio tra i sacerdoti e avevano l'obiettivo di cambiare i gradi più alti delle gerarchie ecclesiastiche.

Per contro, monsignori, vescovi, cardinali vengono percepiti alla stregua di burocrati, lontani dai problemi della gente e attenti solo a preservare i "privilegi" acquisiti. La loro rappresentazione sociale, in nell'ambito cinematografico,

---

[97] *Che bella giornata* (tit. or. *Che bella giornata*, regia di Gennaro Nunziante, Medusa Film, Italia, 2011).

[98] Si potrebbe trovare una conferma di questo quando si vanno a vedere le reazioni della gente ai casi di sacerdoti che "vanno in crisi" e quindi si ritirano a vita privata per un tempo più o meno prolungato (a volte sono scelte definitive) di riposo: la maggior parte dei commenti delle persone suona come "D'altronde, è un uomo anche lui!". La tendenza a giustificare la debolezza e la fatica mostrano una grande comprensione nei confronti di questi ministri.

potrebbe somigliare a quella della classe politica (anche se si tratta di "politica ecclesiastica").

3.4 LA «PASSIONE» SACERDOTALE

> *Il senso della presenza del prete in un certo contesto storico-sociale assume la valenza redentiva connessa al mistero dell'Incarnazione, così come le sofferenze e le difficoltà che può incontrare vengono riproposte spesso secondo il modello sacrificale della Passione di Gesù, anche se ciò che dà senso pieno sia alla presenza che alle difficoltà è la prospettiva pasquale della vita che vince la morte, della grazia che supera ogni limite e ogni peccato*[99].

Questa interessante considerazione di Alberione rimanda, nella filmografia più recente, al film *Calvario*[100]. Una bellissima pellicola, drammatica e dai tratti cinici, che restituisce un'immagine di prete che vive la propria passione sul modello di quella di Cristo.

La storia inizia *in medias res*: padre James Lavelle (interpretato da Brendan Gleeson) è parroco di una parrocchia sulla costa irlandese. Una mattina, un penitente gli annuncia che, dopo sette giorni, passerà ad ucciderlo: lui era un bambino buono ed è stato scelto, a caso, da un sacerdote per essere abusato durante l'infanzia; per lo stesso motivo ha scelto di sacrificare un sacerdote buono, a caso, sparandogli. Padre James ha una settimana di tempo per sistemare tutte le situazioni personali e per cercare di provvedere a quanto rimasto in sospeso tra la sua gente.

I casi umani con cui ha a che fare sono molti: un aristocratico rancoroso nei confronti di tutte le altre persone, una moglie che tradisce il marito, un violentatore psicopatico, un medico sadico, la sua stessa figlia (nata quando era ancora sposato, prima della vedovanza e dell'ordinazione presbiterale) ha tendenze suicide.

---

[99] E. ALBERIONE, D. VIGANÒ, *I preti del cinema. Tra vocazione e provocazione*, Effatà, Milano 1995, p. 165.

[100] *Calvario* (tit. or. *Calvary*, regia di John Michael Mc Donagh, 20th Century Fox, Irlanda, 2014).

La prospettiva della morte che si avvicina di giorno in giorno dà una luce nuova a tutte le relazioni e gli incontri con questi particolari personaggi che abitano il piccolo paese.

La solitudine è, forse, il dato più paradossale: avendo ricevuto l'annuncio della morte durante una confessione, l'informazione non può essere condivisa con nessuno.

La dimensione di solitudine vissuta dal Cristo stesso nella salita al Calvario è modello di quella del sacerdote: come nella città di Gerusalemme tutti erano indifferenti alla sofferenza di quell'uomo condannato a morte, così padre James vive nella solitudine (più morale, che materiale) questo suo cammino di avvicinamento alla propria morte.

Come il Figlio di Dio vive la sua passione per i peccati che non ha compiuto; così il prete deve scontare il peccato commesso in passato da un suo confratello.

La prospettiva della risurrezione (sottolineata da Alberione), forse, è un po' oscurata dal forte tono cinico dei personaggi nei loro atteggiamenti.

3.5 Preti con problemi affettivi

Si raccolgono, in questo paragrafo, numerosi titoli e molto differenti tra loro. Se non sono mai mancate le storie di sacerdoti che, innamorati, iniziano delle avventure con donne fino ad arrivare al punto di dover decidere tra la propria vocazione o il proprio affetto, relativamente nuove, invece, sono le situazioni di preti pedofili e omosessuali.

Si può riconoscere una matrice comune (pur con diverso grado di gravità, evidentemente): un uso disordinato della dimensione affettiva e sessuale dei sacerdoti che li porta a un punto di svolta[101].

[101] Nei casi di innamoramento per donne o uomini, devono essere i preti stessi a decidere la direzione della svolta, nel caso di bambini e adolescenti sono altri a decidere per loro, nel momento in cui vengono scoperti e denunciati.

Un secondo aspetto, poi, si può notare: nei film qui raggruppati si trovano parroci, vice parroci, missionari. Non ci sono categorie particolarmente fragili, come non ci sono categorie esenti: essendo esseri umani come tutti gli altri, anche i sacerdoti fanno i conti con una vita affettiva a prescindere dal tipo di ministero che vivono all'interno della Chiesa. In questa vita affettiva alcuni si mantengono fedeli e riescono a mostrare la bellezza della loro vocazione, altri hanno ripensamenti e tornano sui loro passi.

Terza considerazione: le scelte dei personaggi sono sempre sofferte perché si trovano interiormente divisi tra l'ideale rispetto al percorso intrapreso (quello del sacerdote) e la realtà di crisi in cui si trovano, che sembra trovare una soluzione in un rapporto affettivo (non sempre ordinato).

Il gruppo più numeroso di film è quello con sacerdoti che si innamorano (o sono già innamorati) di donne.

Un punto di vista particolare è quello affrontato dal film *La madre*[102], perché don Paolo (protagonista della storia, interpretato da Stefano Dionisi) che sta vivendo un momento di difficoltà nel suo cammino presbiterale e si sta frequentando con una donna (Agnese, interpretata da Laura Baldi) è affiancato dalla madre (Maddalena, interpretata da Carmen Maura). Maddalena si dà un gran da fare perché il figlio si allontani da quella donna e quindi viva nella fedeltà il suo ministero: alti e bassi, tensioni e discussioni si instaurano tra l'uomo e le due donne per il diverso posto che occupano nella sua vita, ma soprattutto i monologhi interiori rivelano allo spettatore quanto sia drammatica la lacerazione di don Paolo che ama quella donna, vuole bene a sua madre come figlio, e ha la consapevolezza di agire contro quanto promesso il giorno della sua ordinazione sacerdotale.

Rimanendo nell'ambito italiano, troviamo anche *Andiamo a quel paese*[103]. Una storia più ironica che comica: un paese di anziani, dove il reddito garantito è

---

102 *La madre* (tit. or. *La madre*, regia di Angelo Maresca, Combo produzioni climax, Italia, 2014.

103 *Andiamo a quel paese* (tit. or. *Andiamo a quel paese*, regia di Ficarra e Picone, Medusa Film, Italia, 2014).

dato dalle pensioni. Valentino Picone e Salvatore Ficarra (i due registi sono anche i protagonisti della pellicola e interpretano loro stessi) studiano una strategia per mantenersi: iniziare a vivere nella stessa casa con una zia anziana e con la suocera (di Salvatore), per farsi dare la delega al ritiro della pensione e quindi poter vivere di rendita. Successivamente, inoltre, decidono di accogliere tanti dei vari parenti per migliorare il tenore di vita. Dopo tre anni, alcuni anziani muoiono, altri intuiscono la truffa e se ne vanno. Resta solo la zia Lucia (interpretata da Lilly Tirinnanzi). Salvatore, allora, decide di assicurarsi il futuro con l'amico, facendo sposare Valentino con l'anziana zia. Dopo la perplessità iniziale, Picone si rassegna all'idea scoprendo, però, che il parroco don Benedetto (interpretato da Mariano Rigillo) è da lunga data innamorato di Lucia, ma non ha mai voluto lasciare il sacerdozio per lei. Quando, davanti al sindaco, Valentino e Lucia si stanno per sposare, arriva don Benedetto che interrompe le nozze con rito civile, dichiara di lasciare il ministero e si sposa con l'anziana zia di Salvatore. Alle divertenti gag dei due comici e registi, unitamente agli altri personaggi, si aggiunge un'ironica riflessione sulla situazione socio-politica italiana. La situazione di don Benedetto emerge, anche in questo caso, come un dramma personale senza voler criticare la scelta celibataria che la Chiesa cattolica chiede ai candidati al presbiterato.

Una pellicola francese, in questo ambito, suggerisce alcuni spunti. *La mante religeuse*[104] racconta di un'artista atea e nichilista Jézabel (interpretata da Mylene Jampanoi) che convive con la sua compagna Erika (interpretata da Mathilde Bisson). Jezabel arriva a conoscere padre David (interpretato da Marc Ruchmann). Affascinata dal sacerdote inizia a sedurlo per cercare di farlo cadere in tentazione con lei. Per fare ciò, comincia a frequentare le Messe celebrate dal giovane e affascinante parroco. Dopo non molto tempo riesce a ottenere il risultato sperato. Il sacerdote, pentito subito dopo il rapporto con lei, riparte con la sua moto e fa un grave incidente. Jézabel, non essendo a conoscenza della cosa, lo va a cercare in parrocchia, ma trova una signora che le racconta tutto l'accaduto.

---

104 *La mante religieuse* (tit. or. *La mante religieuse*, regia di Natalie Saracco, 7e Earth Productions, Francia, 2012).

La ragazza inizia a rendersi conto che in tutta questa particolare storia ha trovato la fede. Pentita anche lei del proprio operato, decide di intraprendere un cammino vocazionale all'interno di un monastero di clausura. Padre David emerge come figura forse un po' superficiale: fa il suo servizio di assistenza, senza accorgersi di essere "assediato" dalla ragazza con il secondo fine di farlo cadere (quando se ne accorge è troppo tardi).

Un trio particolare è quello dei protagonisti di *The Good Catholic*[105]. Un giovane prete (padre Daniel, interpretato da Zachary Spicer), un frate di mezza età (padre Ollie, interpretato da John C. McGinley) e un ancor più vecchio sacerdote di colore (padre Victor, interpretato da Danny Glover): vivono nella stessa parrocchia e servono la stessa comunità, diversi per caratteri, mansioni e passioni. Il più giovane dei tre, ascoltando le confessioni, incontra Jane (interpretata da Wrenn Schmidt) e se ne innamora (dopo svariate confessioni e alcuni appuntamenti). In una cena vissuta insieme tra i tre sacerdoti e la ragazza, anche padre Victor e padre Ollie si rendono conto della situazione. Una riflessione a quattr'occhi tra il più anziano e il più giovane induce padre Daniel ad andare da Jane e lasciare il ministero.

Una nota stridente in questa pellicola è proprio il finale: la riflessione dell'anziano sacerdote che, citando il passaggio della prima lettera di san Giovanni dove si dice che Dio è amore, arriva a sostenere che l'amore di padre Daniel per Jane è occasione di incontro con Dio e quindi lascia intendere che, in fin dei conti, l'abbandono del ministero non è poi una cosa così grave, perché sempre di amore si tratta. Proprio per questo risulta alquanto paradossale la scena finale: padre Daniel corre a casa di Jane e, dopo essersi fatto il segno della croce, toglie il colletto da prete per suonare il campanello della sua amata.

Infine, due pellicole sudamericane.

---

[105] *The Good Catholic* (tit. or. *The Good Catholic*, regia di Paul Shoulberg, Broad Green Pictures, USA, 2017).

Elefante blanco[106], ambientato nella bidonville alla periferia di Buenos Aires, narra di due missionari, don Julian (interpretato da Ricardo Darin) che accoglie nella sua missione don Nicolas (interpretato da Jeremie Renier) giovane sacerdote belga unico superstite di una fallimentare missione nella giungla. Nella missione lavora anche l'assistente sociale Luciana (interpretata da Martina Gusman) che si lega, troppo strettamente, a don Nicolas fino a diventarne l'amante. La situazione socio politica è sempre più complicata e, per difendere i più poveri, i due sacerdoti restano coinvolti in tafferugli e guerriglie urbane che coinvolgono il cartello della droga, la polizia e gli abitanti della bidonville, finché don Julian muore e don Nicolas, dopo un ritiro monastico di qualche tempo, ritorna come direttore della missione-parrocchia del suo amico morto. Ritrova anche Luciana e si capisce che c'è ancora del feeling, ma non lo stesso coinvolgimento di prima. Se anche qui emerge il dissidio interiore di don Nicolas (diviso tra l'amore appassionato per la ragazza e la fedeltà al celibato), dall'altra parte viene affiancato da una figura positiva, fedele al suo sacerdozio e vicina alla sua gente (don Juliann).

Pais do desejo[107] racconta di una donna, Roberta (interpretata da Maria Padilha), pianista di professione, che deve subire un ricovero e un intervento per una malattia renale, e don José (interpretato da Fabio Assunçao), un prete non molto allineato con l'insegnamento morale della Chiesa Cattolica, che appoggia la scelta fatta da una madre di far abortire la propria figlia di dodici anni, incinta di due gemelli dopo aver subito una violenza (il suo Vescovo lo richiamerà e fulminerà la scomunica alla madre e ai medici che hanno procurato l'aborto). Dopo un po' di tempo, a causa di un intervento chirurgico, il sacerdote viene ricoverato nello stesso ospedale di Roberta e ha modo di conoscerla meglio (l'aveva precedentemente incontrata a un suo concerto di pianoforte) e se ne innamora. Dopo varie vicissitudini decide di stare insieme con lei. Nonostante si

---

106 *Elefante Blanco* (tit. or. *Elefante Blanco*, regia di Pablo Trapero, Buena Vista International, Argentina, 2012).

107 *Pais do desejo* (tit. or. *Pais do desejo*, regia di Paulo Caldas, Bananeira Films, Brasile, 2012).

tratti di una storia di fantasia, sono riconoscibili alcuni elementi di un fatto di cronaca di qualche anno precedente la produzione e l'uscita del film[108].

C'è un caso di sacerdote che, nel suo percorso personale, arriva a lasciare il ministero per esercitare la sua omosessualità: *W imie...* [109]. Don Adam (interpretato da Andrzej Chyra) lavora con adolescenti problematici in una zona rurale della Polonia. Il sacerdote, nel suo servizio, respinge le avances di una ragazza di nome Ewa (interpretata da Maja Ostaszewska): non tanto per il mantenimento del celibato, ma per il fatto che è omosessuale. Quando nella comunità arriva Lukasz (interpretato da Mateusz Kosciukiewicz), la sua continenza traballa (e poi crolla). La chiusura del film viene lasciata a una serie di immagini di don Adam negli anni di formazione di seminario, quasi a confermare quanto sostenuto durante il resto della pellicola: il sacerdozio per lui è stato un ripiego per non affrontare la propria omosessualità.

Un ultimo caso (approdato al cinema abbastanza di recente[110]) è quello delle pellicole con sacerdoti pedofili.

Un film che ha suscitato grande scalpore mediatico è *Il caso Spotlight*[111]: ricostruzione cinematografica della famosa indagine svolta dal "Boston Globe" sui casi di pedofilia tra il clero americano. Se non si deve nascondere la gravità dei fatti, è di fondamentale importanza riportare con precisione i dati statistici sull'argomento, cosa che, purtroppo, non viene fatta dal film.

---

108 Nel 2009 aveva suscitato molto scalpore il caso di una bambina di 9 anni di Recife, incinta di due gemelli perché violentata dal patrigno e costretta ad abortire. Il Vescovo della grande città aveva ribadito, in quell'occasione, che con quest'atto i medici erano incorsi nella scomunica *latae sententiae*: l'evento ebbe grande risonanza mediatica sempre in toni polemici nei confronti della Chiesa e del suo insegnamento (http://www.repubblica.it/2009/03/sezioni/esteri/scomunica-medici/scomunica-medici/scomunica-medici.html?refresh_ce ; https://www.corriere.it/esteri/09_marzo_06/brasile_bambina_incinta_aborto_scomunica_chiesa_cattolica_2bd01fc4-0a45-11de-91a6-00144f02aabc.shtml ultima visita 31/08/2018).

109 *W imie...* (tit. or. *W imie...*, regia di Malgorzata Szumowska, MD4, Polonia, 2013).

110 Basti pensare a *Il dubbio* (tit. or. *Doubt*, regia di John Patrick Shanley, Goodspeed Productions, USA, 2008).

111 *Il caso Spotlight* (tit. or. *Spotlight*, regia di Tim Mc Carthy, BIM Distribuzione, USA, 2015).

Già si è accennato a *Padre Vostro*[112]: la storia di padre Fabijan (interpretato da Kresimir Mikic), giovane parroco che subentra a padre Jakov (interpretato da Zdenko Botic), il quale decide di ritirarsi in pensione, pur risiedendo in parrocchia. La piccola isola dalmata dove si svolge la storia ha un alto tasso di denatalità per l'uso diffuso, da parte degli abitanti, di anticoncezionali. Il giovane parroco, individuato il problema, si accorda con i rivenditori di preservativi per bucarli; nonché con il farmacista per sostituire le pillole anticoncezionali con delle vitamine. Segue un improvviso boom di nascite (oltre al fatto che si scopre la grande promiscuità degli abitanti dell'isola). Un evento inaspettato, però, scuote la comunità: una bambina dell'isola si suicida buttandosi in mare. L'autopsia rivela che era incinta e il vecchio parroco rivela (in confessione a don Fabijan) di essere il padre (quindi di aver violentato la bambina, che partecipava al coro della parrocchia da lui diretto). Se la storia ha non pochi risvolti divertenti e battute umoristiche, il finale ha tratti a dir poco drammatici. Si può considerare una critica aperta su tutto il fronte: la situazione di conflitto etnico e religioso dell'ex Jugoslavia, la pedofilia nel clero, il controllo delle nascite, la cultura patriarcale in quelle zone del Mediterraneo. Si può, però, dire che a un prete negativo nell'economia dell'intero film (padre Jakov, che alla fine si scopre essere stato eletto Vescovo ausiliare della diocesi che comprende la piccola isola croata), la figura simpatica (anche se a tratti cinica) di don Fabijan fa da contraltare positivo.

Infine, di particolare rilievo sul medesimo tema è *Il club*[113]. In una casa si trovano riuniti quattro sacerdoti sospesi *a divinis* sotto la supervisione di una ex suora: sono lì per scontare le loro colpe passate (un pedofilo represso, che non ha mai violentato nessuno; un criminale che ha rapito dei figli da famiglie povere per darli a famiglie ricche sterili; un ex cappellano militare che ha conosciuto dei crimini di guerra e ha minacciato di rivelarli e un quarto sacerdote di cui non si sa molto). Arriva un quinto sacerdote, pedofilo conclamato. Una vittima (ormai cresciuta) dell'ultimo prete lo segue e inizia a urlare nel dettaglio tutte le violenze subite: il presbitero, esasperato, esce in giardino e si spara alla tempia. Viene così

---

112 *Padre Vostro* (tit. or. *Svecenikova djeca*, regia di Vinko Bresan, Interfilms, Croazia, 2013).

113 *Il club* (tit. or. *El club*, regia di Pablo Larrain, Caramel Films, Cile, 2015).

stabilita la necessità di un'indagine per capire cos'è successo e cosa sta succedendo nella casa. Il film è molto particolare sia per la storia, come anche per i "casi umani" riuniti nella medesima struttura. Una riflessione critica alla società cilena, sull'immunità a preti e militari.

4. I PRETI NEI FILM STORICI E BIOGRAFICI

Una trattazione a parte è riservata a una raccolta di titoli riguardanti film biografici e storici.

Essendo quella delle Rappresentazioni sociali la chiave di lettura, tutte le produzioni che, in diverse modalità, riferiscono storie vere non possono essere analizzate alla stregua delle altre pellicole: l'obiettivo, infatti, dei non fiction film è quello di riferire (con qualche licenza artistica, evidentemente) fatti ed eventi accaduti in precisi periodi storici o a specifiche persone. Quindi, si potrebbe dire che si bada molto meno al ruolo interpretato e molto più alla persona. In altre parole: non è più la rappresentazione sociale di una figura in generale (il prete), ma è la ripresentazione di una figura precisa.

Come per gli altri film, anche qui ci sono casi in cui i sacerdoti sono personaggi principali o protagonisti e altri casi in cui sono secondari o comparse.

4.1 FILM STORICI E BIOGRAFICI

Tra i film storici e rientrano quelle pellicole che hanno l'intento di tratteggiare una figura o un periodo storico servendosi della finzione cinematografica. La storia, lo stile di ripresa e di montaggio mostrano che si tratta di una ricostruzione fatta artificialmente, cercando una certa adesione alla realtà fattuale.

Un discreto numero di titoli, con una grande varietà di temi trattati, ci consegna un quadro complesso e articolato. Un prete è il protagonista della vicenda raccontata da *There be dragons*[114]: san Josemaría Escrivá de Balaguer, sacerdote fondatore dell'Opus Dei. La cornice narrativa è una costruzione di fantasia (la storia del giornalista Robert chiamato a scrivere una biografia del prete aragonese, che scopre essere stato amico di gioventù di suo padre), ma la

[114] *There be dragons - Un santo nella tempesta* (tit. or. *There be dragons*, regia di Roland Joffé, Atena 3 Films, Spagna, 2011)

narrazione degli eventi successi al Santo è una ricostruzione abbastanza curata e precisa della vocazione al sacerdozio (in clandestinità) prima e della fondazione della Prelatura personale poi (il periodo precedente la guerra civile spagnola, durante la supremazia dei repubblicani anticlericali), negli anni della persecuzione contro i cattolici.

Cristiada[115], ambientato in Messico durante gli anni della persecuzione del presidente socialista e massone Plutarco Elías Calles, racconta la storia della resistenza armata alla persecuzione a opera dei cattolici. Il protagonista, José Sanchez del Rio (interpretato da Mauricio Kuri), per un cattivo scherzo a danno di un sacerdote (padre Christopher, interpretato da Peter O'Toole) inizia il suo percorso di approfondimento della fede cattolica. Quando la persecuzione a opera del governo si fa più feroce e il ragazzo assiste all'esecuzione dell'anziano sacerdote operata dall'esercito presidenziale, decide di arruolarsi con i *Cristeros* (i ribelli, combattenti per professare e praticare liberamente la loro fede) per aiutare la resistenza armata. In questo esercito José conoscerà un altro sacerdote, padre Vega (interpretato da Santiago Cabrera) lui stesso combattente oltre che assistente spirituale dei guerriglieri. La ricostruzione fatta dal film è abbastanza aderente alle cronache del tempo. Nel finale, inoltre, compaiono sullo schermo anche gli "aggiornamenti": il giovane protagonista e altri personaggi rappresentati sono stati recentemente[116] proclamati santi.

Di taglio completamente diverso è il film italiano *La verità sta in cielo*[117]che porta sul grande schermo la misteriosa storia del rapimento di Emanuela Orlandi[118]. Essendo un racconto quasi di cronaca (gli eventi, infatti, sono troppo recenti per poter fare un'indagine storica seria), viene data un'interpretazione

---

[115] *Cristiada* (tit. or. *For greater glory - The true story of Cristiada*, regia di Dean Wright, 20th Century Fox, Messico, 2012).

[116] Papa Giovanni Paolo II ne proclamò santi 25, il 21 maggio 2000, papa Benedetto XVI ne beatificò 13, il 20 novembre 2005, papa Francesco ha canonizzato José Sanchez del Rio domenica 16 ottobre 2016.

[117] *La verità sta in cielo* (tit. or. *La verità sta in cielo*, regia di Roberto Faenza, 01 Production, Italia, 2016).

[118] La scomparsa di Emanuela Orlandi (nata a Roma il 14 gennaio 1968) è un fatto di cronaca nera avvenuto a Roma il 22 giugno 1983; la vittima, una cittadina vaticana figlia di un commesso della Prefettura della casa pontificia, sparì in circostanze misteriose all'età di 15 anni (https://it.wikipedia.org/wiki/Sparizione_di_Emanuela_Orlandi , ultima visita 26/08/2018).

personale dello sceneggiatore: vengono inanellati e messi in relazione eventi storici, senza poter rendere realmente conto del loro legame. In questo contesto di mistero irrisolto, l'immagine che viene trasmessa dei preti[119] è molto ambigua (più sbilanciata sul versante negativo che positivo).

Un parroco, padre Sheridan (interpretato da Jim Norton), è uno dei personaggi principali di *Jimmy's Hall*[120]. Ambientato in Irlanda tra gli anni 20 e 30 del 1900, il film racconta la storia di Jimmy Gralton (interpretato da Barry Ward) che dopo aver aperto una sala per attività ricreative (ballo, pugilato, pittura e altre attività culturali) viene tacciato di comunismo e costretto ad andarsene in America. Dopo dieci anni, torna nella sua città e viene incitato dai giovani a riaprire la sala: dopo questa riapertura inizia un'aspra battaglia con il parroco che, accusandolo di comunismo (sostenuto dalle persone più anziane della contea di Leitrim), riesce a ottenere il suo definitivo allontanamento (morirà, infatti, nel 1945 negli Stati Uniti d'America).

Altri titoli mostrano sacerdoti: sono figure di secondo piano rispetto al protagonista di cui si racconta la storia.

Il parroco del villaggio ungherese in cui è ambientato *1945*[121] si deve confrontare con il pregiudizio dei suoi parrocchiani (compare in una sola scena) rispetto a due ebrei trasferitisi lì con la loro attività di commercianti di profumo e cosmetici.

Padre Praagh (interpretato da Rutger Hauer) e padre Celeste Van Exem (interpretato da Max von Sydow) sono diversamente coinvolti nella causa di canonizzazione di Madre Teresa di Calcutta: il primo chiamato a indagare, per conto del Vaticano, e il secondo in qualità di direttore spirituale della santa. Il film

---

119 Di per sé il film mostra solo sacerdoti (e Vescovi) che lavorano presso gli uffici dello Stato della Città del Vaticano, ma nel sentire comune c'è un'equazione che fa coincidere la Chiesa con la Santa Sede.

120 *Jimmy's hall una storia d'amore e libertà* (tit. or. *Jimmy's Hall*, regia di Ken Loach, Entertainment One, Inghilterra, 2014).

121 *1945* (tit. or. *1945*, regia di Ferenc Torok, Katapult Film, Ungheria, 2017).

Le lettere di Madre Teresa[122] racconta il travaglio della vocazione e della "notte oscura" della sua anima[123] così come emerge dalle 50 lettere da lei scritte e indirizzate a padre Celeste.

Anche in *Jackie*[124] troviamo la presenza di un sacerdote. Il film propone al pubblico lo svolgimento di un breve tratto della vita di Jacqueline Kennedy, moglie del presidente degli Stati Uniti d'America John Fitzgerald Kennedy, dopo il 22 novembre 1963: data in cui, a soli 34 anni, vide morire assassinato accanto a sé il caro marito in visita a Dallas. La sua crisi umana di fronte all'accaduto, la necessità di preparare i funerali del marito, di spiegare ai figli l'accaduto mettono in discussione anche la sua fede (cristiana cattolica, come il marito). Ecco che il ricorso a un sacerdote le dona sostegno e conforto.

Sempre un consigliere spirituale (un cattivo consigliere, in questo caso) è anche il sacerdote che accoglie la confessione di Margaret Keane (interpretata da Amy Adams) nel film *Big Eyes*[125]. La donna, nonostante l'educazione metodista, decide di rivolgersi a un sacerdote cattolico in confessionale per avere un consiglio su come gestire la situazione problematica con suo marito (che spaccia per suoi i quadri dipinti dalla moglie... anche se nella confessione non emerge niente di tutto ciò: la protagonista chiede solo se si può fidare del suo sposo) e il

---

[122] *Le lettere di Madre Teresa* (tit. or. *The letters*, regia di William Riead, Big Screen Productions, USA, 2014).

[123] In una intervista a "Zenit" padre Joseph Langford, postulatore della causa di beatificazione di Madre Teresa, disse: «Contrariamente a quanto riferito sulla stampa, Madre Teresa non ha mai sofferto una crisi di fede. Il suo problema non riguardava affatto la fede, ma il venir meno del "sentimento" della fede; non sentire più la presenza del divino. Quando usciva dal convento per addentrarsi nei tuguri di Calcutta, ciò che era stata la sua normale consolazione nella preghiera d'improvviso cessò. [...] Le è stato dato di sentire come se Dio non ci fosse. Inizialmente ha sofferto di questo contrasto fra i suoi sentimenti e la sua fede. Ma mai la sua mancanza di sentimenti si è trasformata in una mancanza di fede. Al contrario, la sua notte oscura ha messo in luce le profondità nascoste della fede di Madre Teresa come nessun'altra difficoltà avrebbe potuto. La sua oscurità non solo le ha permesso di esercitare la sua straordinaria fede fino in fondo, ma consente a noi – discepoli moderni e troppo spesso "di poca fede" – di scoprire l'effettiva portata di cui la fede è capace, persino nella difficoltà e nella notte (cit. in http://www.amicidilazzaro.it/index.php/la-luce-di-maria-nella-notte-oscura-di-madre-teresa/ , ultima visita 26/08/2018).

[124] *Jackie* (tit. or. *Jackie*, regia di Pablo Larrain, Lucky Red, Cile, 2016).

[125] *Big Eyes* (tit. or. *Big Eyes*, regia di Tim Burton, Lucky Red, USA, 2014).

ministro risponde citando gli scritti di san Paolo dove si dice che la moglie deve essere sottomessa al marito (Col 3,18).

Le diverse vicende umane, i diversi contesti storici e culturali, il diverso ruolo nelle vicende narrate mettono in mostra la diversità dei caratteri e dello spessore umano e spirituale dei sacerdoti: riportando fatti realmente accaduti non c'è l'imbarazzo da parte del regista di mostrarne i difetti, come non manca la volontà di mettere in luce i pregi delle figure di maggiore caratura.

5. LA PRESENZA DEI PRETI NEI DOCUMENTARI

I documentari si possono considerare dei particolari film storici dove, la ricostruzione della storia è affidata a interviste di testimoni, filmati d'archivio e qualche eventuale ricostruzione con attori.

Fondamentalmente si incontrano due tipi di documentari: documentari su preti (divenuti "famosi" perché santi o perché molto peccatori) o documentari con interventi di preti come testimoni.

Per il primo gruppo, non passa inosservato *L'ultima cima*[126], opera prima del regista spagnolo Juan Manuel Cotelo. La storia di un sacerdote spagnolo, don Pablo Dominguez: come lo stesso regista dice nell'intervista che apre il lungometraggio *"né più né meno di un buon prete"*. Interviste ai suoi studenti, ai suoi amici e parenti, al suo Vescovo per raccontare la breve vita (è morto a 42 anni, precipitato in un crepaccio, durante un'escursione sui ghiacciai del Moncayo) di un normale prete.

Anche il film *Monsenor: tha last journey of Oscar Romero*[127] raccoglie numerose testimonianze sulla vita del sacerdote salvadoregno (poi divenuto Vescovo) Oscar Romero. Il suo eroico servizio di denuncia delle ingiustizie perpetrate a danno dei più poveri tra i suoi conterranei gli è costato la vita. Assassinato da un cecchino mentre stava celebrando la S. Messa il 24 marzo 1980, è stato proclamato beato (e il 14 ottobre 2018 sarà proclamato santo) riconoscendogli il martirio. Anche in questo caso, il documentario ricostruisce la storia della vita e della morte del prelato attraverso filmati d'archivio, registrazioni di suoi discorsi, testimonianze di persone che l'hanno conosciuto, riprese dei luoghi dove ha trascorso la sua vita.

---

[126] *L'ultima cima* (tit. or. *La ultima cima*, regia di Juan Manuel Cotelo, Infinito mas uno, Spagna, 2010).

[127] *Monsenor: the last journey of Oscar Romero* (tit. or. *Monsenor: the last journey of Oscar Romero*, regia di Ana Carrigan, First run features, USA, 2011).

Cattivissimi esempi di preti, invece, vengono forniti da *Mea maxima culpa. Silenzio nella casa di Dio*[128]. Un documentario su numerosi casi di pedofilia perpetrati da sacerdoti americani negli anni '80. Un tema quanto mai delicato e attuale, vista la nuova ondata di denunce che anche recentemente ha travolto la Chiesa Cattolica statunitense. Testimonianze dure con pesanti accuse lanciate anche a vescovi e papi: molte delle quali vere, alcune invece ridimensionate dai processi celebrati dai tribunali americani (in particolare quelle intentate con la Santa Sede per presunta connivenza).

Per la seconda categoria di documentari si possono citare due pellicole. Un documentario sull'ultimo libro della Bibbia: l'Apocalisse. *Revelation the bride the beast & babylon*[129] è la ricostruzione visiva del testo sacro: dal contesto in cui è stato scritto (circa nel 91 d.C. sull'isola di Patmos dall'evangelista san Giovanni, come lui stesso scrive nei primi versetti del libro) alle varie allegorie e immagini descritte. Accanto alle scene realizzate con la computer grafica o attraverso fotografie di opere d'arte, si trovano molte interviste a specialisti e studiosi della Sacra Scrittura.

Infine, una produzione che ha fatto discutere: *12th & Delaware*[130]. Il titolo è un indirizzo: una strada in Florida in cui si trovano vicine una clinica per aborti e un centro pro-life. Il taglio dato al documentario è decisamente polemico rispetto agli attivisti che vogliono difendere la vita umana fin dal suo concepimento. Tra le varie riprese e interviste, si vede anche il sacerdote responsabile del centro di difesa delle gravidanze. Naturalmente ripreso durante un'omelia (e una successiva intervista) in cui accosta gli omicidi dei bambini abortiti a riti diabolici.

Al di là del taglio più o meno polemico dato alle produzioni prese in considerazione, è significativo sottolineare che i preti qui coinvolti non sono

---

[128] *Mea maxima culpa. Silenzio nella casa di Dio* (tit. or. *Mea maxima culpa: Silence in the house of God* , regia di Alex Gibney, HBO Documentary Films, USA, 2012).

[129] *Revelation The Bride the beast & Babylon* (tit. or. *Revelation The Bride the beast & Babylon*, regia di Wayne Leman, Amazing Facts, USA, 2013).

[130] *12th & Delaware* (tit. or. *12th & Delaware*, regia di Heidi Ewing, HBO Documentary Films, USA, 2010).

"rappresentativi della categoria" e quindi intercambiabili, ma sono presentati per il loro ruolo specifico e la loro personalità.

6. CONSIDERAZIONI "NAZIONALI"

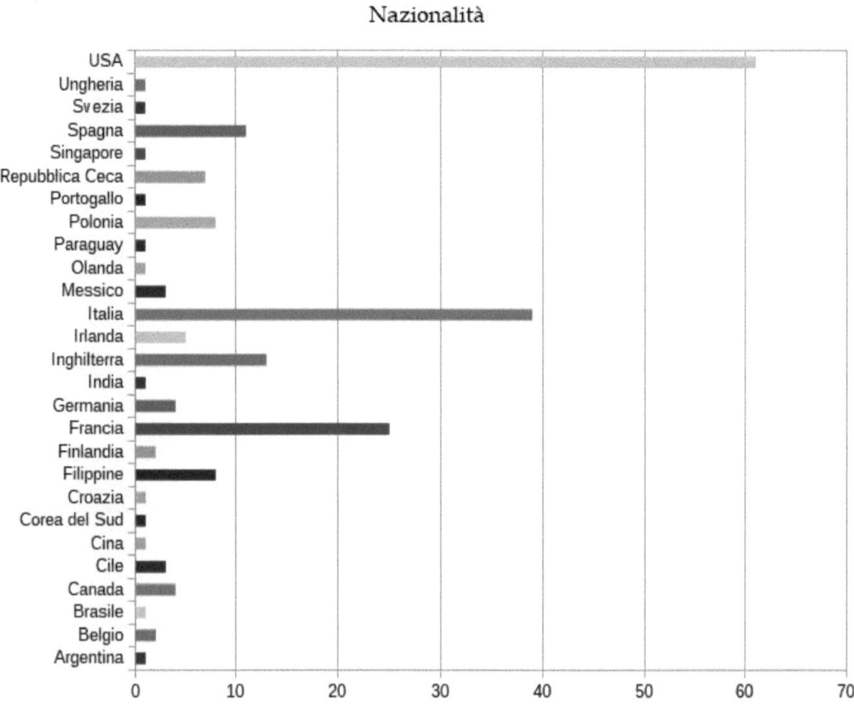

Nell'economia generale dei 207 film selezionati si andranno a indagare, alla luce della teoria delle rappresentazioni sociali, le costanti rilevabili all'interno delle cinematografie nazionali.

Considerando le categorie in cui sono stati suddivisi i sacerdoti, si possono rilevare questi dati.

Per quel che riguarda i preti che sono stati definiti assistenti sociali e segni dei tempi si può osservare che sono tutti presenti in pellicole dell'area europea: in nessun film asiatico o del continente americano compaiono preti coinvolti in opere assistenziali. Dato non di semplice interpretazione. Si possono fare due diverse ipotesi.

Per quel che riguarda Sud America e Asia, probabilmente non ci sono "assistenti sociali" perché ci sono i missionari. Ovvero: nei paragrafi dedicati ai preti che si dedicano all'evangelizzazione delle periferie del mondo, è stato osservato come l'opera di annuncio del cristianesimo vada di pari passo con la promozione culturale e sociale delle popolazioni destinatarie dell'annuncio. Ecco che raccontare attraverso le immagini di un presbitero missionario mostra già la sua dimensione sociale.

Per gli Stati Uniti, invece, potrebbe realmente trattarsi di una diversa sensibilità sviluppata dal clero (e, quindi, poi sedimentata come rappresentazione sociale): le grandi città, con il loro anonimato e la loro frenesia, probabilmente non creano lo spazio umano necessario per accorgersi delle necessità dei più disagiati e quindi il tempo per organizzare le risorse di conseguenza. Una seconda ipotesi potrebbe essere quella del diverso sistema di welfare sviluppato dalla repubblica federale.

Per gli educatori, insegnanti, preti "comici" nonché celebranti non si possono fare rilievi particolari (alcuni sono già stati fatti nei paragrafi loro dedicati): bene o male fanno parte dell'immaginario collettivo "globalizzato" rispetto alla Chiesa cattolica, quindi trovano rappresentanti in tutte le nazioni.

Per quel che riguarda esorcismi ed esorcisti, invece, si notano alcuni dettagli interessanti. Un'assenza totale di film su possessioni e ossessioni demoniache (e quindi anche di esorcisti) nei film francesi[131]. Una menzione va anche all'Italia: nei 39 film considerati ne troviamo uno soltanto riguardante questa tematica e, per lo più, con lo stile documentaristico (anche se è un mokumentary, come già spiegato). Dovessimo allargare la nostra ricerca anche ai film scartati (perché mettono sulla scena religiosi di varie congregazioni), comunque potremmo trarre questa stessa conclusione: non troviamo nella filmografia francese e italiana film

[131] Doverosa è una precisazione: l'assenza è significativa in proporzione ai titoli selezionati (24 pellicole). Sono considerate relativamente significative le assenze dell'argomento in nazioni di cui sono state analizzati 1 o 2 film nell'arco degli otto anni dal 2010 al 2017. A conferma si potrebbe citare la filmografia irlandese che, su 5 film considerati, ne ha 1 interamente dedicato a un esorcismo. Così come la Corea del Sud, rappresentata da 1 solo film che ha proprio questa tematica.

horror con questa tematica (gli italiani, tendenzialmente, preferiscono affidarsi ai documentari per raccontare di questi aspetti della fede cattolica). Contrariamente a ciò, gli americani producono un buon numero di film con questa particolare caratteristica, cavalcando il genere. Sono statunitensi anche le uniche due pellicole che trattano parodisticamente lo stesso argomento (per la precisione, sono parodie di film *horror* sugli esorcisti, non prese in giro di esorcisti piuttosto che di persone ossessionate e quindi bisognose della vicinanza dell'esorcista).

Per i missionari, poi, si può notare un'altra particolarità: sono tutti film sudamericani o asiatici (Filippine, in particolare). L'ipotesi più semplice per cercare di leggere questo fenomeno, è quella della storia dei Paesi. Brasile, Argentina, Uruguay, Filippine, Cina, etc. sono giunti alla conoscenza del Vangelo attraverso i missionari e tutt'ora vedono una significativa presenza dei padri che dall'Europa giungono fino agli estremi confini del mondo per portare la buona notizia del Cristo risorto per amor nostro.

Qualche cosa si può anche considerare vedendo le figure dei parroci portati sul grande schermo. Innanzitutto, si può notare una differenza quasi abissale in un confronto tra i preti italiani e quelli dell'area anglofona. Se tra i parroci italiani troviamo (molto spesso) tratti comici del carattere, il ministero svolto in piccoli paesini dove tutti si conoscono, nelle produzioni inglesi o statunitensi si vede molto più spesso un parroco serio, in visita alle famiglie per portare una buona parola, tendenzialmente in grandi centri urbani. Ovvero, manca quella dimensione "umana e immediata" tipica dell'Italia: un prete che passeggia in paese, saluta e parla con le persone in maniera informale. Se si trova questo in un film nord americano è, tendenzialmente, in film ambientati nel passato, dove le grandi città non erano ancora tali.

L'ultimo (e più doloroso) raggruppamento di pellicole ha posto al centro dell'attenzione il venir meno da parte dei sacerdoti dell'impegno del celibato.

Per quel che riguarda i preti innamorati di donne, non si possono evidenziare ministeri o nazionalità che più di altri vengono raccontati. Missionari, parroci, confessori, etc. nessuno è esente dal rischio (così il contrario: nessuno è più esposto di altri al medesimo rischio). Già è stato sottolineato che, essendo quello affettivo un tratto di umanità fondamentale, alcuni riescono a mantenere fede all'impegno del celibato preso al momento dell'ordinazione, altri non riescono.

È emerso un solo caso di sacerdote con tendenze omosessuali: elemento destinato a crescere come presenza numerica, visti gli ultimi episodi di cronaca internazionale.

Infine, la casistica legata a pedofilia ed omosessualità esercitata da sacerdoti con minori. Un solo titolo cileno del 2015 di cui si capisce, però, la portata "profetica" solo recentemente[132]. Più numerosi sono, invece, i titoli statunitensi. A livello europeo (eccezione fatta per il film croato *Padre Vostro*) non troviamo film a riguardo. Anche in questo caso, la cronaca ha rivelato l'ampiezza del problema e la sua estensione nonché l'incapacità dei Vescovi di intervenire prontamente[133].

Anche su film storici e biografici, bisogna prendere atto che non esiste una nazione che più di altre mantiene vive alla memoria le glorie passate (di sacerdoti o con sacerdoti coinvolti) oppure le vergogne passate (ancora una volta, casi di preti che si sono distinti per il loro operato cattivo e immorale).

Sicuramente la globalizzazione ha influito sulla formazione dei registi e sulle loro produzioni. Si può però dire che, nonostante ciò, non esiste un'unica visione delle cose uguale in tutto il mondo, così come non esiste un unico modo di rappresentare i preti nei film: sono state notate alcune differenze (nei temi o nel modo di trattarli) che hanno a che fare con la nazionalità di produzione della pellicola.

Tutto ciò riconferma il profondo radicamento delle rappresentazioni sociali in un preciso tessuto culturale.

---

[132] È salito all'onore delle cronache, nel mese di maggio 2018, l'episodio che ha costretto tutti i 18 Vescovi della conferenza episcopale cilena a rassegnare le dimissioni dal loro incarico: aver coperto le scorribande del rev.do don Fernando Karadima, predatore seriale di minori. Alcune di quelle dimissioni sono state accette, altre respinte.

[133] A luglio 2018 è stato pubblicato un documento elaborato dal Gran giurì della Pennsylvania in cui si raccolgono le accuse contro 300 sacerdoti per violenze perpetrate a minori tra il 1971 e il 1974.

Prima di tutto negli sceneggiatori e nei registi: dal momento in cui definiscono la figura di prete da presentare sullo schermo, si può affermare che decidono in base alla loro esperienza personale come anche culturale (ovvero sedimentata nel contesto sociale e temporale in cui sono situati).

In secondo luogo, nel pubblico che, nell'approcciare il film, può riconoscersi e apprezzare, come misconoscere e disprezzare, l'immagine di ministro che viene restituita: in qualsiasi caso, il film mette in moto un processo mentale di confronto con un "prototipo/stereotipo" di sacerdote. Non un'idea costruita autonomamente dal niente, ma un'idea ereditata e fatta propria attraverso la personale esperienza: una rappresentazione sociale, appunto.

CONCLUSIONE

Numerosi titoli, svariati ruoli, elementi comuni riconoscibili in tutto il mondo e altri invece caratteristici di una certa cultura e sensibilità "nazionale". Tutto questo considerando solamente otto anni di produzioni cinematografiche.

Si possono tratteggiare, alla luce di tutto quello che finora è stato descritto, alcuni aspetti della rappresentazione sociale del sacerdote.

La prima caratteristica evidente e universalmente riconosciuta è che il prete è un uomo di relazioni: la disponibilità ad ascoltare, la visita alle famiglie, la capacità di dare consigli nelle più diverse e disparate situazioni è un elemento che ritorna con costanza, forse anche di più che la celebrazione di Sacramenti. In alcuni casi, come si è visto, non è importante neanche la religione: chiunque può trovare in un prete una persona disponibile ad ascoltarlo. Un dato da non sottovalutare: nonostante i numerosi scandali resi pubblici dalla stampa, comunque rimane un credito di fiducia nei confronti dei sacerdoti.

Secondo rilievo altrettanto evidente: il sacerdote viene recepito (e quindi presentato) come l'uomo del Sacro. Le numerose celebrazioni riproposte sul grande schermo ribadiscono il cuore della missione del prete: aiutare l'uomo a incontrarsi con Dio.

L'abbigliamento del sacerdote (al di fuori delle azioni liturgiche) resta un piccolo paradosso: nella vita reale, infatti, sono numericamente molto inferiori i preti che vestono abiti ecclesiastici (abito talare o clergyman) rispetto a quelli che, disobbedendo alla legge della Chiesa, non si rendono pubblicamente riconoscibili attraverso il vestiario. Nei film, si è visto, è l'esatto contrario: probabilmente perché, nella rappresentazione sociale del prete, l'elemento della riconoscibilità è fondamentale. In fin dei conti, essendo il ruolo più importante della personalità, è fondamentale che questo ruolo sia messo in evidenza in maniera immediata (se un sacerdote indossa l'abito ecclesiastico è subito a tutti chiaro chi è e cosa fa).

Infine, i detrattori così come i promotori forniscono un ultimo tassello positivo nella rappresentazione sociale del prete.

Coloro che raccontano degli scandali, delle nefandezze e delle infedeltà dei sacerdoti lo fanno sicuramente per rendere pubbliche queste cose, ma inconsciamente rivelano come le aspettative siano ben diverse: un evento è scandaloso nella misura in cui non è conforme la rappresentazione sociale sui protagonisti del medesimo evento (es. se un serial killer uccide qualcuno, la cosa si percepisce in un certo senso come "normale"; se invece lo fa un prete, allora si crea lo scandalo). Il giudizio negativo che emerge nei film su preti pedofili, piuttosto che la compassione che emerge nelle pellicole con preti in crisi affettiva, mostrano proprio questo: dai preti ci si aspetterebbe qualcosa di buono (una fedeltà incondizionata al celibato, stando all'esempio), quando questo non c'è (violenze su minori, rapporti omosessuali, relazioni con donne) siamo di fronte a un problema.

La lettura positiva è ancora più facile a dirsi. Sacerdoti che, fedeli alla loro missione e alla loro vocazione, vivono in maniera quasi eroica tutte le incombenze del ministero, superando gli ostacoli e le difficoltà, anche con fatica, confermano il buono e il bello che c'è nel loro "lavoro".

La ricerca fin qui svolta, però, non esaurisce la materia. Anzi, si può dire che si apre a nuovi possibili sviluppi.

Invece di un approccio sincronico (il breve intervallo di tempo preso in considerazione non permette l'osservazione di sviluppi a lungo termine), si potrebbe provare a indagare con un approccio diacronico in un arco di tempo più ampio. Si prenda il caso italiano, anche solo per esemplificazione. Il passare degli anni (sia per i registi che per gli spettatori in sala) ha visto cambiamenti significativi: don Pietro di *Roma Città Aperta*[134] (pellicola del 1945), don Camillo degli omonimi film[135] (la "saga" del parroco ideato da Giovannino Guareschi viene

[134] *Roma Città Aperta* (tit. or. *Roma Città Aperta*, regia di Roberto Rossellini, Excelsa Film, Italia, 1945).

[135] *Don Camillo* (tit. or. *Don Camillo*, regia di Julien Duvivier, Giuseppe Amato, Italia 1952); *Il ritorno di Don Camillo* (tit. or. *Il ritorno di Don Camillo*, regia di Julien Duvivier, Rizzoli Film, FRA, 1953); *Don Camillo e l'onorevole Peppone* (tit. or. *Don Camillo e l'onorevole Peppone*, regia di Carmine Gallone, Rizzoli Film, Italia, 1955); *Don Camillo monsignore... ma non troppo* (tit. or. *Don Camillo monsignore... ma non troppo*, regia di Carmine Gallone, Cineriz, Italia, 1961); *Il compagno Don Camillo* (tit. or. *Il compagno Don Camillo*, regia di Luigi Comencini, Rizzoli Film, Italia, 1965).

proiettata nelle sale tra il 1952 e il 1965) sono notevolmente diversi da monsignor Angelo Paolini di *100 metri dal Paradiso*[136] (reso disponibile al grande pubblico nel 2012). Nei settant'anni trascorsi dalla fine del secondo conflitto mondiale alla seconda decade del 2000 è cambiato il modo di rappresentare il prete perché è cambiato il modo di fare il prete (almeno in parte), ma soprattutto è cambiato il modo di guardare al prete (e quindi di riproporlo allo sguardo degli altri attraverso il grande schermo).

Anche l'indagine per generi cinematografici potrebbe riservare alcune sorprese: gli esorcisti nel genere *horror* piuttosto che nei documentari (sempre a titolo esemplificativo).

Un approfondimento rispetto al Sacramento della Confessione. Il Sacramento più intimo e personale della Chiesa cattolica viene molto spesso utilizzato (come si è visto anche solo dai numeri). Un uso, quasi come fosse un "genere letterario", in funzione della narrazione (assassini che ammettono la loro colpa, sotterfugi e truffe rivelate nel segreto del confessionale, etc.): un *escamotage* per mettere lo spettatore a conoscenza di qualcosa fino a quel momento nascosto.

Come non pensare, infine, ai religiosi (francescani, gesuiti, suore di diversi ordini) o ai pastori delle diverse confessioni cristiane.

Quello delle Rappresentazioni Sociali è un metodo di avvicinamento e analisi dei film che apre davvero molti spiragli di elevato interesse: riesce, infatti, a indagare in maniera indiretta un preciso mondo culturale e simbolico. Non vengono fatte interviste, indagini di vario tipo, ma attraverso il prodotto finito (il testo filmico) si possono approfondire quelle conoscenze condivise all'interno del medesimo contesto sociale. E proprio perché indagine indiretta, risulta più genuina e sincera (non viziata, cioè, da un contesto formale come può essere quello della somministrazione di un questionario). Se questo approccio ha il limite di considerare una pellicola non per se stessa (regia, fotografia, sceneggiatura,

---

[136] *100 metri dal Paradiso* (tit. or. *100 metri dal Paradiso*, regia di Raffaele Verzillo, Scripta Srl, Italia, 2012).

recitazione, etc.), ha però il grande pregio di mostrare numerose sfaccettature dell'universo culturale che ha dato vita alla pellicola stessa.

Appendici

1. Comparse

Titolo Originale	Regia	Nazionalità	Anno	Caratteristiche
[Rec][3]: Génesis	Paco Plaza	Spagna	2012	Paramenti Clergyman
				Matrimonio Esorcismo
12th & Delaware	Heidi Ewing	USA	2010	Paramenti Clergyman
				Messa Intervista
1920 Bitwa Warszawska	Jerzy Offman	Polonia	2011	Paramenti Talare
				Matrimonio Dialogo
1945	Ferenc Torok	Ungheria	2017	Talare
				Dialogo
31	Rob Zombie	Inghilterra	2016	Clergyman
				Dialogo
A Date for mad Mary	Darren Thornton	Irlanda	2016	Paramenti
				Matrimonio

A love you	Paul Lefevre	Francia	2015	Clergyman Dialogo
Addio fottuti musi verdi	Francesco Capaldo	Italia	2017	Paramenti Messa
Aftershock	Nicolas Lopez	USA	2012	Talare Offre protezione
An irish Exorcism	Eric Courtney	Irlanda	2013	Borghese Clergyman Esorcisti
Annabelle: Creation	David F. Sandberg	USA	2017	Clergyman Dialogo
Assassin's Creed	Justin Kurzel	USA	2016	Clergyman Confessione
Ava's possessions	Jordan Galland	USA	2015	Clergyman Esorcismo
Babovresky 3	Zdenek Troska	Repubblica Ceca	2015	Clergyman Talare Parroco
Barry Munday	Chris D'Arienzo	USA	2010	Clergyman Visita una famiglia
Beach Rats	Eliza Hittman	USA	2017	Paramenti Messa

Big Eyes	Tim Burton	USA	2014	Talare
				Confessione
Brooklyn	John Crowley	Inghilterra	2015	Paramenti Clergyman Talare
				Messa Dialogo Matrimonio
Bwakaw	Jun Lana	Filippine	2012	Talare
				Confessione Funerale
Cloro	Lamberto Sanfelice	Italia	2015	Paramenti
				Messa
Cuori puri	Roberto De Paolis	Italia	2017	Clergyman
				Confessione Catechesi
Dalaw	Dondon S. Santos	Filippine	2010	Paramenti
				Matrimonio
Devil seed	Greg A. Sager	Canada	2012	Borghese
				Esorcismo

Devil's Due	Matt Bettinelli-Olpin	USA	2014	Talare Paramenti
				Parroco Matrimonio Messa di prima Comunione
Don Jon	Joseph Gordon-Levitt	USA	2013	Paramenti
				Messa Confessione
Drogowka	Wojciech Smarzowski	Polonia	2012	Clergyman
				In viaggio
Dylan Dog: Dead of Night	Kevin Munroe	USA	2010	Clergyman
				Assistenza
El artista y la modelo	Fernando Trueba	Spagna	2012	Talare
				Catechismo
Escobar: Paradise Lost	Andrea Di Stefano	Francia	2014	Clergyman
				Dialogo
Flesh for the inferno	Richard Griffin	USA	2015	Clergyman
				Reclude le monache
Fourth Man Out	Andrew Nackman	USA	2015	Clergyman
				Visita una famiglia

Frantz	Francois Ozon	Francia	2016	Talare
				Confessione
Freaks of Nature	Robbie Pickering	USA	2015	Clergyman
				Zombie
Gernika	Koldo Serra	Spagna	2016	Talare
				Assistenza
Grabbers	Jon Wright	Inghilterra	2012	Talare
				Messa Offre protezione
Hail, Caesar!	Ethan Coen Joel Coen	Inghilterra	2016	Clergyman
				Confessione Dialogo
Harjunpaa & pahan pappi	Olli Saarela	Finlandia	2010	Paramenti
				Messa di Prima Comunione
Horns	Alexandre Aja	USA	2013	Clergyman
				Dialogo
Huerfanos	Guita Schufter	Messico	2014	Talare Paramenti
				Dialogo Funerale Confessione

Ida	Pawel Pawlikowski	Polonia	2013	Talare Paramenti
				Accoglienza Professione religiosa
Il ricco, il povero e il maggiordomo	Aldo Giovanni Giacomo	Italia	2014	Clergyman Paramenti
				Messa Funerale Matrimonio
Incarnate	Brad Peyton	USA	2016	Clergyman
				Esorcista
Inoperable	Christopher Lawrence Chapman	USA	2017	Clergyman
				Dialogo
Josephine s'arrondit	Marilou Berry	Francia	2016	Paramenti
				Presepe vivente
Knock	Lorraine Lévy	Francia	2017	Talare
				Parroco
Kronjuvelerna	Ella Lemhagen	Svezia	2011	Paramenti
				Predicazione
L'écume des jours	Michael Gondry	Francia	2013	Paramenti
				Matrimonio

L'odeur de la mandarine	Gilles Legrand	Francia	2015	Paramenti Matrimonio
La cafe du pont	Manuel Poirer	Francia	2010	Talare Catechismo
La corrispondenza	Giuseppe Tornatore	Italia	2016	Talare Bibliotecari
La grande bellezza	Paolo Sorrentino	Italia	2013	Talare Paramenti
La pazza gioia	Paolo Virzi	Italia	2016	Clergyman Messa
Ladygrey	Alain Choquart	Francia	2015	Paramenti Funerale
Le petit locataire	Nadege Loiseau	Francia	2016	Paramenti Funerale
Le tout nouveau testament	JacoVan Dormael	Belgio	2015	Clergyman Assistenza
Leap Year	Anand Tucker	USA	2010	Paramenti Clergyman Matrimonio Dialogo

Les adieux à la reine	Benoit Jacquot	Francia	2012	Talare Cappellano del re di Francia
Les Miserables	Tom Hooper	Inghilterra	2012	Talare Paramenti Assistenza
Little Boy	Alejandro Monteverde	Messico	2015	Paramenti Talare Messa Dialogo
Milano in the cage	Fabio Bastianello	Italia	2016	Paramenti Funerale
Moron 5 and the Crying Lady	Wenn V. Deramas	Filippine	2012	Paramenti Matrimonio
Murder on the Orient Express	Kenneth Branagh	Inghilterra	2017	Talare Custode del S. Sepolcro
Night Train to Lisbon	Bille August	Germania	2013	Talare Dialogo
Non è un paese per giovani	Giovanni Veronesi	Italia	2017	Paramenti Funerale

Novitiate	Margaret Betts	USA	2017	Paramenti
				Messa Professione religiosa
Obce cialo	Krzysztof Zanussi	Polonia	2014	Talare Paramenti
				Dialogo Professione religiosa
Ocho apellidos vascos	Emilio Martinez Lazaro	Spagna	2014	Talare Paramenti
				Dialogo Confessione Matrimonio
Officer Down	Brian A. Miller	USA	2013	Clergyman
				Dialogo
Omicidio all'italiana	Marcello Macchia	Italia	2017	Talare
				Gioca a carte al bar
Ostatnie Pietro	Tadeusz Krol	Polonia	2013	Paramenti Clergyman
				Messa Visita una famiglia

Persecuted	Daniel Lusko	USA	2014	Clergyman Dialogo
Philomena	Stephen Frears	Inghilterra	2013	Clergyman Dialogo
Pieds nus sur les limaces	Fabienne Berthaud	Francia	2010	Paramenti Funerale
Po strnisti bos	Jan Sverak	Repubblica Ceca	2017	Paramenti Funerale
Pokot	Agnieszka Holland	Polonia	2017	Talare Paramenti Visita una famiglia Messa
Polednice	Jiri Sadek	Repubblica Ceca	2016	Clergyman Funerale
Qu'est-ce qu'on a fait au Bon Dieu?	Philippe De Chauveron	Francia	2014	Paramenti Messa Matrimonio
Que Dios nos perdone	Rodrigo Sorogoyen	Spagna	2016	Clergyman Paramenti Messa Interrogato in indagine

Quo vado?	Gennaro Nunziante	Italia	2016	Talare
				Insegnante di religione
Reality	Matteo Garrone	Italia	2012	Paramenti
				Messa
Rudy kapitan	Michal Kollar	Repubblica Ceca	2016	Talare
				Interrogato in una indagine
Sa'yo Lamang	Laurice Guillen	Filippine	2010	Paramenti Clergyman
				Messa Dialogo Battesimo
Seconds Apart	Antonio Negret	USA	2011	Talare
				Interrogato in una indagine
Sinister 2	Ciaran Foy	USA	2015	Clergyman Paramenti
				Confessione Messa
Sole a catinelle	Gennaro Nunziante	Italia	2013	Clergyman
				Raccolta fondi

Terraferma	Emanuele Crialese	Italia	2011	Talare Funerale
The adventures of Pureza: Queen of the riles	Soxy Topacio	Filippine	2011	Paramenti Messa
The Bride and the lover	Joel Lamagan	Filippine	2013	Paramenti Matrimonio
The Confirmation	Bob Nelson	Canada	2016	Talare Confessione
The Counselor	Ridley Scott	Inghilterra	2013	Talare Confessione
The Lords of Salem	Rob Zombie	USA	2012	Talare Clergyman Confessione Dialogo
The miracle of life	Joel Rabijns	Belgio	2013	Clergyman Dialogo Battesimo
The Monuments Men	George Clooney	USA	2014	Talare Parroco

The perfect family	Anne Renton	USA	2011	Paramenti Clergyman Messa Dialogo
The Place Beyond the Pines	Derek Cianfrance	USA	2012	Paramenti Battesimo
The possession experiment	Scott B. Hansen	USA	2016	Talare Esorcista
The Three Musketeers	Paul W. S. Anderson	Germania	2011	Talare Cappellano del re di Francia
The Tree of Life	Terrence Malick	USA	2011	Paramenti Messa
The Wolfman	Joe Johnston	USA	2010	Talare Predicazione
Three Billboards Outside Ebbing, Missouri	Martin McDonagh	USA	2017	Clergyman Dialogo
Un illustre inconnu	Matthieu Delaporte	Francia	2014	Paramenti Clergyman Battesimo Dialogo Funerale

Un Natale al Sud	Federico Marsicano	Italia	2016	Paramenti
				Messa
Une vie	Stephane Brize	Francia	2016	Talare
				Estrema Unzione Funerale
Vacanze di Natale a Cortina	Neri Parenti	Italia	2011	Clergyman
				Raccolta fondi
Vivir es fácil con los ojos cerrados	David Trueba	Spagna	2013	Talare
				Dialogo
Wake the Dead	Michael Luceri	USA	2017	Talare
				Esorcismo
When in Rome	Mark Steven Johnson	USA	2010	Paramenti
				Matrimonio

2. PERSONAGGI SECONDARI

Titolo Originale	Regia	Nazionalità	Anno	Caratteristiche
A Haunted House	Michael Tidders	USA	2013	Clergyman
				Esorcista
A Haunted House 2	Michael Tidders	USA	2014	Clergyman
				Esorcista

Andiamo a quel paese	Ficarra e Picone	Italia	2014	Talare Paramenti
				Parroco Innamorato Funerale
Ang pagsanib kay leah dela cruz	Katski Flores	Filippine	2017	Paramenti Clergyman
				Messa
Annabelle	John R. Leonetti	USA	2014	Paramenti Clergyman
				Dialogo Messa Esorcista
Bless me, Ultima	Carl Franklin	USA	2013	Talare Paramenti
				Parroco Catechismo Prima Comunione
Che bella giornata	Gennaro Nunziante	Italia	2011	Clergyman
				Segretario del Vescovo

Cigan	Martin Sulik	Repubblica Ceca	2011	Clergyman Paramenti
				Dialogo Matrimonio Assistenza ai poveri
Decibely lasky	Miloslav Halik	Repubblica Ceca	2016	Clergyman
				Dialogo Messa
Deliver Us from Evil	Scott Derrickson	USA	2014	Borghese
				Esorcista Battesimo
Ecstasy	Christy Andersen	USA	2011	Talare Paramenti
				Dialogo Funerale
Executor	Moziko Wind	USA	2017	Talare Clergyman
				Confessore

Fai bei sogni	Marco Bellocchio	Italia	2016	Clergyman Paramenti
				Dialogo Messa Funerale Insegnamento Lutto
Fleur de Tonnerre	Stephanie Pillonca	Francia	2016	Talare
				Funerale Assistenza ai poveri
Game of death	Giorgio Serafini	USA	2011	Clergyman
				Dialogo
Gok-seong	Hong-jin Na	Corea del Sud	2016	Clergyman
				Esorcista
Hemel op Aarde	Pieter Kuijpers	Olanda	2013	Clergyman Paramenti
				Parroco Prima Comunione Confessione Messa Matrimonio

Ho amici in Paradiso	Fabrizio Maria Cortese	Italia	2016	Clergyman Paramenti Funerale Assistenza ai poveri
I baci mai dati	Roberta Torre	Italia	2010	Clergyman Dialogo Benedizione
Intruders	Juan Carlos Fresnadillo	USA	2011	Clergyman Paramenti Talare Dialogo Visita famiglia Esorcista Messa
Jimmy's Hall	Ken Loach	Inghilterra	2014	Talare Paramenti Parroco Messa Confessione

Kreuzweg	Dietrich Bruggemann	Germania	2014	Talare Paramenti
				Parroco Catechismo Confessione Cresima
La Cena di Natale	Marco Ponti	Italia	2016	Clergyman
				Dialogo
La Confession	Nicolas Boukhrief	Francia	2017	Talare Paramenti
				Visita famiglie Confessione Funerale Dialogo
La higuera de los bastardos	Ana Murugarren	Spagna	2017	Talare
				Dialogo
La religieuse	Guillame Nicloux	Francia	2013	Talare Paramenti
				Confessione Accompagnamento spirituale Professione religiosa

Machete	Ethan Maniquis	USA	2010	Clergyman Informatore
New World Order X	Adam Bailey	USA	2013	Clergyman Dialogo
Psychosis	Reg Traviss	Inghilterra	2010	Clergyman Dialogo Visita famiglie
Requiem pour une tueuse	Jerome Le Gris	Francia	2011	Clergyman Paramenti Dialogo Messa
Resturlaub	Gregor Schnitzler	Germania	2011	Clergyman Paramenti Matrimonio
Revelation The Bride the beast & Babylon	Wayne Leman	USA	2013	Paramenti Clergyman
Sacrifice	Damian Lee	Canada	2011	Clergyman Dialogo Confessione
Sing Street	John Carney	Irlanda	2016	Clergyman Talare Insegnante

The American	Anton Corbijn	USA	2010	Clergyman Talare
				Dialogo
The Big wedding	Justin Zachman	USA	2013	Clergyman Paramenti
				Dialogo Confessione Matrimonio
The Conjuring 2	James Wan	Canada	2016	Clergyman
				Esorcista
The healer	Paco Arango	Spagna	2017	Clergyman
				Dialogo
The Letters	William Riead	USA	2014	Clergyman
				Biografico
The Offering	Kelvin Tong	Singapore	2016	Clergyman Borghese Talare
				Esorcista
To The wonder	Terrence Malick	USA	2012	Paramenti
				Messa Matrimonio Visita famiglie Confessione

Un poison violent	Katell Quillevere	Francia	2010	Clergyman Paramenti
				Dialogo Messa Funerale Confessione Cresima
Veljekset	Mika Kaurismaki	Finlandia	2011	Clergyman
				Visita famiglia Dialogo
Vento di Sicilia	Carlo Fusco	Italia	2012	Clergyman
				Dialogo
Zjednoczone stany milosci	Tomasz Wasilewski	Polonia	2016	Talare Paramenti
				Visita famiglie Messa Funerale Confessione

Bibliografia

Alberione E., Viganò D., *I preti del cinema. Tra vocazione e provocazione*, Effatà, Milano 1995.

Farinotti P., Farinotti R., *Il Farinotti 2017*, Newton Compton, Roma, 2017.

Fondazione Ente dello Spettacolo (a cura di), *Preti al cinema. I sacerdoti e l'immaginario cinematografico*, Ente dello Spettacolo, Roma 2010.

Formenti C., *Il Mokumentary. La fiction si maschera da documentario*, Mimesis Edizioni, Milano 2013.

Galli I., *La teoria delle rappresentazioni sociali*, Il Mulino, Bologna 2006.

Moscovici S., *Le rappresentazioni sociali*, Il Mulino, Bologna, 2017.

Rivoltella P. C., Bricchetto E., Fiore F., *Media, storia e cittadinanza*, La Scuola, Brescia 2012.

Romeo A. (a cura di), *Tonache cross-mediali. Preti, suore e frati nei mass media*, Effatà, Torino 2011.

Servizio Nazionale per il Progetto Culturale della CEI (a cura di), *Il Prete e la sua immagine*, EDB, Bologna 2005.

Viganò D. E., *Il prete di celluloide. Nove sguardi d'autore*, Cittadella, Assisi 2010.

SITOGRAFIA

FASOLI T., *Il prete nella letteratura e nel cinema. Il caso «Don Camillo»*, in http://www.notedipastoralegiovanile.it/index.php?option=com_content&view=article&id=8385%3Ail-prete-nella-letteratura-e-nel-cinema-il-caso-ldon-camillor&catid=173%3Aquestioni-letterarie&Itemid=264

Ornitorinco, in http://www.nationalgeographic.it/natura/animali/2010/03/29/news/platypus-2474/

Documento preparatorio al Sinodo dei Vescovi "I giovani, la fede e il discernimento vocazionale", in http://www.vatican.va/roman_curia/synod/documents/rc_synod_doc_20170113_documento-preparatorio-xv_it.html#2._Leggere_la_situazione

LA ROCCA O., *Bimba di 9 anni stuprata abortisce l'arcivescovo scomunica i medici*, in http://www.repubblica.it/2009/03/sezioni/esteri/scomunica-medici/scomunica-medici/scomunica-medici.html?refresh_ce

APCOM, *Brasile, bambina stuprata abortisce Vescovo scomunica i medici: «Crimine»*, in https://www.corriere.it/esteri/09_marzo_06/brasile_bambina_incinta_aborto_scomunica_chiesa_cattolica_2bd01fc4-0a45-11de-91a6-00144f02aabc.shtml

WIKIPEDIA, *Sparizione di Emanuela Orlandi*, in https://it.wikipedia.org/wiki/Sparizione_di_Emanuela_Orlandi

ADKINS A., *La luce di Maria nella notte oscura di Madre Teresa*, in http://www.amicidilazzaro.it/index.php/la-luce-di-maria-nella-notte-oscura-di-madre-teresa/

CONGREGAZIONE PER IL CLERO, *Direttorio per la vita e il ministero dei presbiteri*, in http://www.vatican.va/roman_curia/congregations/cclergy/documents/rc_con_cclergy_doc_20130211_direttorio-presbiteri_it.html#_ftnref249

FILMOGRAFIA

[Rec]^{3}: Génesis - [Rec]^{3}: la genesi, Paco Plaza (Spagna: Filmax International, 2012).

100 metri dal Paradiso, Raffaele Verzillo (Italia: 01 Distribution, 2012).

12th & Delaware, Heidi Ewing (USA: Loki Films, 2010).

1920 Bitwa Warszawska, Jerzy Hoffman (Polonia: Orbis Express, 2011).

1945, Ferenc Torok (Ungheria: Katapult Film, 2017).

31, Rob Zombie (Inghilterra: Fathom Events, 2016).

A Date for mad Mary, Darren Thornton (Irlanda: Edition Salzgeber, 2016).

A haunted house - Ghost Movie, Michael Tadders (USA: Universal Pictures, 2013).

A haunted house 2 - Ghost Movie 2: questa volta è guerra, Michael Tadders (USA: Universal Pictures, 2014).

A love you, Paul Lefevre (Francia: EuropaCorp. Distribution, 2015).

Addio fottuti musi verdi, Francesco Capaldo (Italia: 01 Distribution, 2017).

Aftershock, Nicolas Lopez (USA: Dimension Films, 2012).

An irish Exorcism, Eric Courtney (Irlanda: POV Horror, 2013).

Andiamo a quel paese, Ficarra e Picone (Italia: Medusa Film, 2014).

Ang pagsanib kay leah dela cruz, Katski Flores (Filippine: Viva Films, 2017).

Annabelle, John R. Leonetti (USA: Warner Bros., 2014).

Annabelle: Creation, David F. Sandberg (USA: Warner Bros., 2017).

Assassin's Creed, Justin Kurzel (USA: 20th Century Fox, 2016).

Ava's possessions, Jordan Galland (USA: Orion Pictures, 2015).

Babovresky, Zdenek Troska (Repubblica Ceca: Falcon, 2012).

Babovresky 3, Zdenek Troska (Repubblica Ceca: Falcon, 2015).

Barry Munday - Barry Munday: Papà all'improvviso, Chris D'Arienzo (USA: Magnolia Pictures, 2010).

Beach Rats, Eliza Hittman (USA: Neon, 2017).

Big Eyes, Tim Burton (USA: Lucky Red, 2014).

Bless me, Ultima, Carl Franklin (USA: Monkey Hill Films, 2013).

Bonifacio ang unang pangulo, Ezo Williams (Filippine: Solar Pictures, 2014).

Brooklyn, John Crowley (Inghilterra: 20th Century Fox, 2015).

Bwakaw, Jun Lana (Filippine: Cinemalaya, 2012).

Cado dalle nubi, Gennaro Nunziante (Italia: Medusa Film, 2009).

Calvary – Calvario, John Michael Mc Donagh (Irlanda: 20th Century Fox, 2014).

Che bella giornata, Gennaro Nunziante (Italia: Medusa Film, 2011).

Cheery point, Adam Bailey (USA: Digital Alliance, 2013).

Cigan, Martin Sulik (Repubblica Ceca: Bontonfilm, 2011).

Cloro, Lamberto Sanfelice (Italia: Good Films, 2015).

Coexister, Fabrice Eboue (Francia: EuropaCorp. Distribution, 2017).

Colpi di fulmine, Neri Parenti (Italia: Filmauro, 2012).

Corpo Celeste, Alice Rohrwacher (Italia: Istituto Luce di Cinecittà, 2011).

Cuori puri, Roberto De Paolis (Italia: UFO Distribution, 2017).

Dalaw, Dondon S. Santos (Filippine: Star Cinema Productions, 2010).

Decibely lasky, Miloslav Halik (Repubblica Ceca: Bontonfilm, 2016).

Deliver us from evil - Liberaci dal male, Scott Derrickson (USA: Screen Games, 2014).

Devil seed, Greg A. Sager (Canada: Imagination Worldwide, 2012).

Devil's Due - La stirpe del male, Matt Bettinelli-Olpin (USA: 20th Century Fox, 2014).

Don Bosco, Lodovico Gasparini (Italia: Miniserie TV, Lux Vide, 2004).

Don Camillo, Julien Duvivier (Italia: Giuseppe Amato, 1952).

Don Camillo e l'onorevole Peppone, Carmine Gallone (Italia: Rizzoli Film, 1955).

Don Camillo monsignore... ma non troppo, Carmine Gallone (Italia: Cineriz, 1961).

Don Gnocchi: l'angelo dei bimbi, Cinzia TH Torrini (Italia: Miniserie TV, Nimar Studios, 2004).

Don Jon, Joseph Gordon-Levitt (USA: Good Films, 2013).

Don Matteo (Italia: Serie TV, Lux Vide, 2000-in corso).

Doubt - Il dubbio, John Patrick Shanley (USA: Goodspeed Productions, 2008).

Drogowka, Wojciech Smarzowski (Polonia: Next Film, 2012).

Dylan Dog: Dead of Night - Dylan Dog. Il Film, Kevin Munroe (USA: Freestyle Releasing, 2010).

E fu sera e fu mattina, Emanuele Caruso (Italia: Obiettivo Cinema, 2014).

Ecstasy, Christy Andersen (USA: I-On New Media, 2011).

El artista y la modelo, Fernando Trueba (Spagna: Six Sales, 2012).

El club - Il club, Pablo Larrain (Cile, Caramel Films, 2015).

Elefante Blanco, Pablo Trapero (Argentina: Buena Vista International, 2012).

Escobar: Paradise Lost - Escobar, Andrea Di Stefano (Francia: Pathé, 2014).

Executor, Moziko Wind (USA: Eagle Films, 2017).

Fai bei sogni, Marco Bellocchio (Italia: 01 Distribution, 2016).

Felices los que lloran - Il Missionario: la preghiera come unica arma, Marcelo Torcida (Paraguay: Dominus Production, 2016).

Flesh for the inferno, Richard Griffin (USA: Scorpio Film Releasing, 2015).

Fleur de tonnerre, Stephanie Pillonca (Francia: Sophie Dulac Distribution, 2016).

For greater glory. The true story of Cristiada - Cristiada, Dean Wright (Messico: 20th Century Fox, 2012).

Fou d'amour, Philippe Ramos (Francia: Alfama Films, 2015).

Fourth Man Out, Andrew Nackman (USA: Gravita Ventures, 2015).

Frantz, Francois Ozon (Francia: Mars Distribution, 2016).

Freaks of Nature - Scherzi della natura, Robbie Pickering (USA: Sony Pictures, 2015).

Game of death, Giorgio Serafini (USA: Sony Pictures, 2011).

Gernika - Guernica: Cronaca di una strage, Koldo Serra (Spagna: Sony Pictures, 2016).

Grabbers - Grabbers Hangover finale, Jon Wright (Inghilterra: Sony Pictures, 2012).

Habemus Papam, Nanni Moretti (Italia: 01 Distribution, 2011).

Hail, Caesar! - Ave Cesare, Ethan Coen e Joel Coen (Inghilterra: Universal Pictures, 2016).

Harjunpaa & pahan pappi, Olli Saarela (Finlandia: Nordisk Film, 2010).

Hemel op aarde, Pieter Kuijpers (Olanda: A-Film Benelux MSD, 2013).

Ho amici in paradiso, Fabrizio Maria Cortese (Italia: Golden Hour Films, 2016).

Horns, Alexandre Aja (USA: Dimension Films, 2013).

Huerfanos, Guita Schufter (Messico: Estudios Churubusco, 2014).

I baci mai dati, Roberta Torre (Italia: Videa, 2010).

Ida, Pawel Pawlikowski (Polonia: Opus Film, 2013).

Il compagno Don Camillo, Luigi Comencini (Italia: Rizzoli Film, 1965).

Il ricco, il povero e il maggiordomo, Aldo, Giovanni e Giacomo (Italia: Medusa Films, 2014).

Il ritorno di Don Camillo, Julien Duvivier (Francia: Rizzoli Film, 1953).

Il villaggio di cartone, Ermanno Olmi (Italia: 01 Distribution, 2011).

Incarnate - Incarnate: Non potrai nasconderti, Brad Peyton (USA: IM Global, 2016).

Indivisibili, Edoardo de Angelis (Italia: Medusa Film, 2016).

Infernet, Giuseppe Ferlito (Italia: A. C. Production, 2016).

Inoperable, Christopher Lawrence Chapman (USA: Cinedigm Entertainment Group, 2017).

Intruders, Juan Carlos Fresnadillo (USA: Universal Pictures, 2011).

Jackie, Pablo Larrain (Cile: Lucky Red, 2016).

Jimmy's Hall - Jimmy's hall una storia d'amore e libertà, Ken Loach (Inghilterra: Entertainment One, 2014).

Jin ling shi san chai - I fiori della guerra, Yimou Zhang (Cina: Movies Inspired, 2011).

Josephine s'arrondit, Marilou Berry (Francia: UGC Distribution, 2016).

Kadal, Mani Ratnam (India: Gemini Film Circuit, 2013).

Kill list, Ben Wheatley (Inghilterra: Optimum Releasing, 2011).

Knock, Lorraine Lévy (Francia: Mars Distribution, 2017).

Kreuzweg – Kreuzweg: le stazioni della fede, Dietrich Bruggemann (Germania: Camino Filmverleih, 2014).

Kronjuvelerna, Ella Lemhagen (Svezia: Nordisk Film, 2011).

L'écume des jours - Mood Indigo. La schiuma dei giorni, Michael Gondry (Francia: Studiocanal, 2013).

L'odeur de la mandarine, Gilles Legrand (Francia: Metropolitan Filmexport, 2015).

L'ora legale, Ficarra e Picone (Italia: Medusa Film, 2017).

La cafe du pont, Manuel Poirer (Francia: Le Pacte, 2010).

La cena di Natale, Marco Ponti (Italia: RAI Cinema, 2016).

La Confession - La Confessione, Nicolas Boukhrief (Francia: Nebo Production, 2016).

La corrispondenza, Giuseppe Tornatore (Italia: 01 Distribution, 2016).

La grande bellezza, Paolo Sorrentino (Italia: Medusa Film, 2013).

La higuera de los bastardos, Ana Murugarren (Spagna: Blogmedaia, 2017).

La madre, Angelo Maresca (Italia: Combo produzioni climax, 2014).

La mante religieuse, Natalie Saracco (Francia: 7e Earth Productions, 2012).

La marche, Nabil Ben Yadir (Francia: Europa Corp., 2013).

La pasion de Michelangelo, Esteban Larrain (Cile: Piranha Films, 2013).

La pazza gioia, Paolo Virzi (Italia: 01 Distribution, 2016).

La religieuse - La religiosa, Guillame Nicloux (Francia: Les Films du Worso, 2013).

La ultima cima - L'ultima cima, Juan Manuel Cotelo (Spagna: Infinito mas uno, 2010).

La verità sta in cielo, Roberto Faenza (Italia: 01 Distribution, 2016).

Ladygrey, Alain Choquart (Francia: Marvista Entertainment, 2015).

Le petit locataire, Nadege Loiseau (Francia: Diaphana Distributions, 2016).

Le tout nouveau testament - Dio esiste e vive a Bruxelles, Jaco Van Dormael (Belgio: I Wonder Pictures, 2015).

Leap Year - Una proposta per dire sì, Anand Tucker (USA: Universal Pictures, 2010).

Les adieux à la reine - Addio mia regina, Benoit Jacquot (Francia: Ad Vitaliam Distribution, 2012).

Les Miserables, Tom Hooper (Inghilterra: Universal Pictures, 2012).

Little Boy, Alejandro Monteverde (Messico: Universal Pictures, 2015).

Machete, Ethan Maniquis (USA: Overnight Films, 2010).

Mea maxima culpa: Silence in the house of God - Mea maxima culpa. Silenzio nella casa di Dio, Alex Gibney (USA: HBO Documentary Films, 2012).

Milano in the cage, Fabio Bastianello (Italia: Overall Pictures, 2016).

Misterios de Lisboa, Raoul Ruiz (Portogallo: Clap Filmes, 2010).

Monsenor: the last journey of Oscar Romero, Ana Carrigan (USA: First run features, 2011).

Moron 5 and the Crying Lady, Wenn V. Deramas (Filippine: MVP Pictures, 2012).

Murder on the Orient Express - Assassinio sull'Orient Express, Kenneth Branagh (Inghilterra: 20th Century Fox, 2017).

Night Train to Lisbon - Treno di notte per Lisbona, Bille August (Germania: Studio Hamburg Film Produktion, 2013).

Non c'è più religione, Luca Miniero (Italia: 01 Distribution, 2016).

Non è un paese per giovani, Giovanni Veronesi (Italia: 01 Distribution, 2017).

Nor'easter, Andrew Brotzman (USA: Nor'Easter Production, 2012).

Novitiate, Margaret Betts (USA: Sony Pictures Classics, 2017).

Obce cialo - Corpo Estraneo, Krzysztof Zanussi (Polonia: Revolver Film, 2014).

Ocho apellidos vascos, Emilio Martinez Lazaro (Spagna: Universal Pictures, 2014).

Officer Down, Brian A. Miller (USA: Tanarm Pictures, 2013).

Omicidio all'italiana, Marcello Macchia (Italia: Medusa Film, 2017).

Ostatnie Pietro, Tadeusz Krol (Polonia: Sowa Film, 2013).

Pais do desejo, Paulo Caldas (Brasile: Bananeira Films, 2012).

Persecuted, Daniel Lusko (USA: Millennium Entertainment, 2014).

Philomena, Stephen Frears (Inghilterra: Lucky Red, 2013).

Pieds nus sur les limaces, Fabienne Berthaud (Francia: Le Bureau, 2010).

Po strnisti bos, Jan Sverak (Repubblica Ceca: Jan Sverak, 2017).

Pokot, Agnieszka Holland (Polonia: Studio Filmowe, 2017).

Polednice, Jiri Sadek, (Repubblica Ceca: HBO Europe, 2016).

Preferisco il Paradiso, Giacomo Campiotti (Italia: Miniserie TV, Lux Vide, 2011).

Psychosis, Reg Traviss (Inghilterra: Kinksway Films, 2010).

Qu'est-ce qu'on a fait au Bon Dieu? - Non sposate le mie figlie, Philippe De Chauveron (Francia: 01 Distribution, 2014).

Que Dios nos perdone - Che Dio ci perdoni, Rodrigo Sorogoyen (Spagna: Atresmedia, 2016).

Qui a envie d'etre aimé? - L'amore inatteso, Anne Giafferi (Francia: Haut et Court, 2010).

Quo vado?, Gennaro Nunziante (Italia: Medusa Film, 2016).

Reality, Matteo Garrone (Italia: Fandango, 2012).

Requiem pour une tueuse, Jerome Le Gris (Francia: Alter Films, 2011).

Resturlaub, Gregor Schnitzler (Germania: Deutsche Columbia Picturs Film Produktion, 2011).

Revelation The Bride the beast & Babylon, Wayne Leman (USA: Amazing Facts, 2013).

Roma Città Aperta, Roberto Rossellini (Italia: Excelsa Film, 1945).

Rudy kapitan, Michal Kollar (Repubblica Ceca: Fog'n'desire Films, 2016).

Sa'yo Lamang, Laurice Guillen (Filippine: Star Cinema Productions, 2010).

Sacrifice, Damian Lee (Canada: Styx Productions, 2011).

Se Dio vuole, Edoardo Maria Falcone (Italia: 01 Distribution, 2015).

Seconds Apart, Antonio Negret (USA: After Dark Films, 2011).

Seven devils, Benjamin Rider (Inghilterra: BR Productions and Riding High Pictures, 2015).

Si accettano miracoli, Alessandro Siani (Italia: 01 Distribution, 2015).

Sing street, John Carney (Irlanda: Cosmo Films, 2016).

Sinister 2, Ciaran Foy (USA: One Entertainment, 2015).

Sins Expiation - Vento di Sicilia, Carlo Fusco (Italia: Encasa Entertainment, 2012).

Sole a catinelle, Gennaro Nunziante (Italia: Medusa Film, 2013).

Spotlight - Il caso Spotlight, Tim Mc Carthy (USA: BIM Distribuzione, 2015).

Stella Days, Thaddeus O'Sullivan (Irlanda: Newgrange, 2011).

Svecenikova djeca - Padre Vostro, Vinko Bresan (Croazia: Interfilms, 2013).

Terraferma, Emanuele Crialese (Italia: 01 Distribution, 2011).

The adventures of Pureza: Queen of the riles, Soxy Topacio (Filippine: Star Cinema Produsctions, 2011).

The American, Anton Corbijn (USA: Focus Features, 2010).

The big wedding, Justin Zachman (USA: Two Ton Films, 2013).

The Bride and the lover, Joel Lamagan (Regal Entertainment, 2013).

The Catechism Cataclysm, Todd Rohal (USA: IFC Films, 2011).

The cloth, Justin Price (USA: Eminence Production, 2013).

The Confirmation, Bob Nelson (Canada: Great Point Media, 2016).

The Conjuring 2 – The Conjuring: il cado Enfield, James Wan (Canada: New Line Cinema, 2016).

The Counselor - The Counselor. Il Procuratore, Ridley Scott (Inghilterra: 20th Century Fox, 2013).

The devil inside - L'altra faccia del diavolo, William Brent Bell (USA: Paramount Pictures, 2012).

The exorcism of Molly Hartley - L'esorcismo di Molly Hartley, Steven R. Monroe (USA: 20th Century Fox, 2015).

The exorcist - L'esorcista, William Friedkin (USA: Warner Bros. 1973).

The Good Catholic, Paul Shoulberg (USA: Broad Green Pictures, 2017).

The healer, Paco Arango (Spagna: Calcon, 2017).

The last witch hunter, Breck Eisner (USA: Summit Entertainment, 2015).

The letters - Le lettere di Madre Teresa, William Riead (USA: Big Screen Productions, 2014).

The Lords of Salem - Le streghe di Salem, Rob Zombie (USA: Notorius Pictures, 2012).

The miracle of life, Joel Rabijns (Belgio: Sabam, 2013).

The Monuments Men - Monuments men, George Clooney (USA: 20th Century Fox, 2014).

The offering, Kelvin Tong (Singapore: Boku Films Pte Limited, 2016).

The perfect family, Anne Renton (USA: Certainty Films, 2011).

The place beyond the pines - Come un tuono, Derek Cianfrance (USA: Lucky Red, 2012).

The possession experiment, Scott B. Hansen (USA: Digital Thunderdome, 2016).

The rite - Il rito, Mikael Hafstrom (USA: Waner Bros., 2011).

The three Musketeers - I tre moschettieri, Paul W. S. Anderson, (Germania: Constantin Film, 2011).

The Tree of Life, Terrence Malick (USA: 01 Distribution, 2011).

The vatican exorcisms, Joe Marino (Italia: Industryworks, 2013).

The vatican tapes, Mark Neveldine (USA: Lionsgate, 2015).

The Wolfman - Wolfman, Joe Johnston (USA: Universal Picture, 2010).

There be dragons - There be dragons: Un santo nella tempesta, Roland Joffé (Spagna: Atena 3 Films, 2011).

Three Billboards Outside Ebbing, Missouri - Tre manifesti a Ebbing, Missouri, Martin McDonagh (USA: Fox Searchlight pictures, 2017).

To the wonder, Terrence Malick (USA: Brothers K Productions, 2012).

Trash, Stephen Daldry e Christian Duurvoort (Inghilterra: Working Title Films, 2014).

Un illustre inconnu - Un perfetto sconosciuto, Matthieu Delaporte (Francia: Orange Studio, 2014).

Un Natale al Sud, Federico Marsicano (Italia: Medusa Film, 2016).

Un poison violent, Katell Quillévéré (Francia: Les Films du Bélier, 2010).

Una piccola impresa meridionale, Rocco Papaleo (Italia: Warner Bros., 2013).

Une vie - Una vita, Stephane Brize (Francia: Diaphana Distributions, 2016).

Vacanze di Natale a Cortina, Neri Parenti (Italia: Filmauro, 2011).

Veljekset, Mika Kaurismaki (Finlandia: Marianna Films, 2011).

Villaviciosa de al lado, Nacho G. Velilla (Spagna: Warner Bros., 2016).

Vivir es fácil con los ojos cerrados - La vita è facile ad occhi chiusi, David Trueba (Spagna: Universal Pictures, 2013).

W imie..., Malgorzata Szumowska (Polonia: MD4, 2013).

Wake the Dead, Michael Luceri (USA: Vision Films, 2017).

We're no angels - Non siamo angeli, Neil Jordan (USA: Paramount Pictures, 1990).

When in Rome - La fontana dell'amore, Mark Steven Johnson (USA: Touchstone Pictures, 2010).

Zjednoczone stany milosci - Le donne e il desiderio, Tomasz Wasilewski (Polonia: Common Ground Pictures, 2016).

Printed by Books on Demand GmbH, Norderstedt / Germany